光村教科書の時短授業が実現！

物語を楽しく深く読む！新国語ワークシート27

―読解技法による文学の授業＝全学年・全単元収録―

保坂雅幸 著

学芸みらい社
GAKUGEI MIRAISHA

●刊行に寄せて
この本に出会えたあなたは本当に幸せだ

村野聡CHANNEL主宰　元小学校教諭　教材開発士　村野　聡

一

保坂雅幸氏の初の単著『物語を楽しく深く読む！新国語ワークシート27』がすごいことになっている。

本書のサブタイトルには「読解技法」という言葉がつけられている。

この言葉こそ本書最大の特徴を表している。

「読解技法」とは何か。

それは物語の「深い読解（解釈）」を実現する新しい指導法のことである。

読解には深い解釈と浅い解釈とがある。

では、深い読解と浅い読解とでは何が違うのだろうか。

それは、

読解技法

による違いだと考えている。

読解技法とは、物語を読むための技術である。

読解技法を使って読解すれば深い読解になるのである。

例えば「対比」「イメージ」という読解技法がある。

読解技法としての「対比」は、物語に登場する重要な二つの概念を比較して読解させる技術である。

こう書くと少し難しく聞こえるかもしれないが、例えば、６年生の難教材「やまなし」（宮沢賢治）で説明していく。

「やまなし」は、作品全体が「五月」⇔「十二月」と対比された構造になっている。

その月の中で五月に川に飛び込んでくる「かわせみ」と十二月に川に落ちてくる「やまなし」は明らかに対比されて描かれている。

作者が意図的にこのような対比を組み込んでいるのである。

この二つの対比が何を表しているのかを考えさせるのが「イメージ」による読解技法である。

「かわせみ⇔やまなし」の対比からイメージを考えていくと「死⇔生」が解釈される。お魚の「死」をもたらしたかわせみに対して、やまなしはかにの親子にお酒として「生」をもたらすからである。

よって「やまなし」という物語は「生死」を主題としているのではないかという解釈にたどり着くのである。

このように、読解技法を使って読み取ることで、物語の対比構造を見抜き、イメージを通して深い解釈が実現する。

読解のための観点を与えることで、本文を何度も読み返しながら、これまで見えなかったものが見えてくるようになるというわけだ。

読解技法を使わなければ決して達成できない解釈を子供たちが生み出すのである。

こうした「読解技法」を使って解釈した読みを「深い読み」という。

読解技法を使わない読み取りは、自分の今もっている力だけで読み進めるために「浅い読解」になってしまいがちだ。

教材文をじっくり読まずともできてしまうような解釈しか生まれない読解だ。

「この時の主人公の気持ちはどんなでしょうか。」

「嬉しかったと思います。」

「悲しかったのだと思います。」

こんな表面的な解釈（？）しか生み出せない「浅い読解」指導が蔓延している。

もちろん、技術を使って物語を読むという行為にアレルギーを感じる人が一定数いることは承知している。

しかしながら、結果的には、読解技法を使った読み取りの方がそうでない読み取りに比べて圧倒的に深い読解になってしまうのである。

それは子供が書いた文章を見れば明らかだ。

大人顔負けの深い解釈が記されているのである。

しかも、読解技法を使って物語を読み取ると、読みの観点が明確になるため、自分が解釈した内容を自分で説明できるようになる。

これができているということは、子供が論理的思考力を発動したことの証明となる。

ご承知のとおり、先々が不透明なこの現代においては、現代の課題、未知の問題を解決していくための論理的思考力が求められている。

物語教材を読解技法で読み取らせることで論理的思考力も育てることができるのである。

二

さて、前置きが長くなったが、保坂雅幸氏の初の単著『物語を楽しく深く読む！新国語ワークシート27』がすごいことになっている。

それは、

「読解技法」を使って「深い解釈」と「論理的思考力」を生み出すワークシート集

を実現しているからだ。

驚いた。

実は、保坂氏のこのワークシート集は教室での事実に基づき提案されている。

このワークシートを使った授業の結果、子供たちの深い解釈が論理的に記されたノートを私は何度も拝見させていただいた。

こうして子供の事実を生み出す背景には、一度教えた読解技法は次の物語を読解する際に、生かされるということにも関係している。

その物語だけに通用する単発読解とは違い、着実に積み上げ型の授業に変わっていく。

本書は光村図書すべての物語教材を扱っていることから、

年間を通して確かな系統をもって積み上げ指導を展開していくことができる

のである。

だから、保坂学級の子供たちは読解技法を修得し、深い解釈を実現しているのである。

また、本書は、

「主体的・対話的な深い学び」に完全対応

している。

本ワークシート集には「読解技法」を使った解釈をワークシートに書かせる作業が多く設定されている。

読解技法を使いながら、一人一人が自分の経験に即して物語の解釈を進めていく。

まさに個別最適の学びとなる。

その後、対話的な学びを生み出すために、ワークシートに書かせた解釈を発表させ、話し合い活動に向かわせるように組み立てられている。

「浅い解釈」学習によくある「物語の好きなところの共有」などというわざとらしい対話設定ではなく、子供たちの論理的思考によって生まれた解釈による協働的な学びはさらにお互いの解釈を深め、論理的思考力も高めていくに違いない。

このように本ワークシートでは個別最適な学びと協働的な学びを無理なく進めることができ、結果として「主体的・対話的で深い学び」の実現へと向かっていく。

さらに、本書は、

感染症時代における必要要件が満たされている教材

である。

学校の臨時休校によって教育界の様々な課題が露呈した。

特に学校ＩＣＴ環境の大きな遅れに多くの国民が気付くこととなった。

それに伴い、ＧＩＧＡスクール構想が前倒しされ、急激に学校のＩＣＴ化が進みだした。

本ワークシート集がＧＩＧＡスクール構想とタイアップすることによって、様々な課題を抱えていて登校できない児童にも物語の授業提供を実現することだろう。

さらに、時短で深い解釈を実現できるワークシート集であることから、今後不測の事態により授業時間数の確保が困難になった場合においても威力を発揮することになろう。

それにしても画期的な物語新読解ワークシートが登場したものだ。

これで光村図書の物語指導について一年間、悩むことがなくなるのだからありがたい。

他社の教科書を採用している地域にお勧めの先生には羨ましい話である。

ぜひ、本書をフル活用して子供たちのより深い読解を実現し、論理的思考力を身につけさせてほしいと願う。

この本に出会えたあなたは本当に幸せだ。

はじめに

本書は国語科物語文の読解をするためのワークシート集である。特徴は次の三点だ。

（一）光村図書の教科書に掲載されている物語文を、すべてワークシート化した
（二）各教材、三枚もしくは五枚のシートにまとめ、時短で授業ができるようにした
（三）書く活動を多く取り入れ、思考した後、対話的な学習につなげるようにした

（一）について。

令和二年二月発行の光村図書の教科書に掲載されている物語文を、すべてワークシート化している。解答モデルに掲載されているページや何行目といった記述は、その教科書に準じている。シートを印刷すれば、すぐに授業ができるようになっている。

（二）について

以前（十数年前）は一つの物語文の読み取りで十時間など、多くの時間をかけて授業をしていることもあった。しかし、現在は少ない時間で効率よく読解の授業をすることが求められている。そこで、シート三枚、五枚という区切りの中で確実に力が付くように内容を厳選した。

（三）について

新学習指導要領の中で「対話的な学習」が求められている。本書には、話し合い活動（討論を含む）につなげる課題が多く掲載されている（例『お手紙』の主役はだれかなど）。話し合い活動を活発に行うためには、自分の考えをもつことが大切である。そのために、書く活動を多く取り入れ、例文も示した。書く活動から話し合い活動につなげていく構成になっている。

また、指導計画や設問に対する解答モデル（解答例）も示してあるので、授業の際に参考にしてほしい。

本書の解答モデル（解答例）は、私が所属するＴＯＳＳ立川教育サークルのメンバーが分担して執筆した。前述したように、話し合い活動につなげる課題が多く掲載されているため、解答モデルに書かれていることだけが正解ではない。授業の中で子供たちが様々な考えを出し、知的な授業が行われることを願っている。

本書の出版に対して、村野聡氏には多くのご助言をいただいた。氏には今回のワークシート集に限らず、これまで多くのご指導をいただいている。

また学芸みらい社の樋口雅子氏には大変お世話になった。ワークシートの構成、課題の設定の仕方、ページの割り振りなど、細部にわたり、ご助言、ご指導をいただいた。なにより、まったく無名の私に執筆の機会を与えていただいたことに、この場を借りて感謝申し上げる。

「いつか自分で執筆した本を出版したい」、長い間そう考えていた。「一つ一つ目の前のことに一生懸命取り組んでいけば、いつか願いはかなう」。今、心からそう思っている。

令和三年三月

保坂雅幸

目次

刊行に寄せて／村野　聡……2

はじめに……6

一年生

はなの　みち

指導計画・略案／シート解答例・評価例……14

シート①音読の工夫を考える……15

②話の内容をまとめる……16

③登場人物と季節を考える……17

おおきな　かぶ

指導計画・略案／シート解答例・評価例……18

シート①音読の工夫と話の面白かったところを考える……19

②登場人物を考える……20

③役に分かれて音読をする……21

おむすび　ころりん

指導計画・略案／シート解答例・評価例……22

シート①音読の工夫を考える……23

②話の内容をまとめる……24

③登場人物と話の面白かったところを考える……25

やくそく

指導計画・略案／シート解答例・評価例……26

シート①音読の工夫を考える……27

②話の内容をまとめる……28

③登場人物と話の面白かったところを考える……29

くじらぐも

指導計画・略案／シート解答例・評価例……30

シート①音読の工夫を考える……31

②あらすじを考える……32

③文の意味の違いを考える……33

たぬきの 糸車

指導計画・略案／シート解答例・評価例……34
シート①場面分けをして、音読の工夫を考える……35
②登場人物と主役を考える……36
③おかみさんの気持ちを考える……37

二年生

ふきのとう

指導計画・略案／シート解答例……38
シート①登場人物を考える……39
②作中の言葉を使って文作りをする……40
③音読の工夫を考える……41

スイミー

指導計画・略案／シート解答例……42
シート①登場人物と主役を考える……43
②場面ごとに要約をする……44
③すばらしいものについて考える……45
④主役の変化を考える……46
⑤紹介文を書く……47

お手紙

指導計画・略案／シート解答例……48
シート①登場人物と主役を考える……49
②登場人物の気持ちの変化を考える……50
③音読劇にむけて練習をする……51

わたしはおねえさん

指導計画・略案／シート解答例……52
シート①設定を考える……53
②「りっぱなこと」を考える……54
③感想文を書く……55

スーホの白い馬

指導計画・略案／シート解答例……56
シート①登場人物と主役を考える……57
②場面分けを考える……58
③登場人物の行動や心情を考える……59
④クライマックスを考える……60
⑤白馬が帰ってきたことについて考える……61

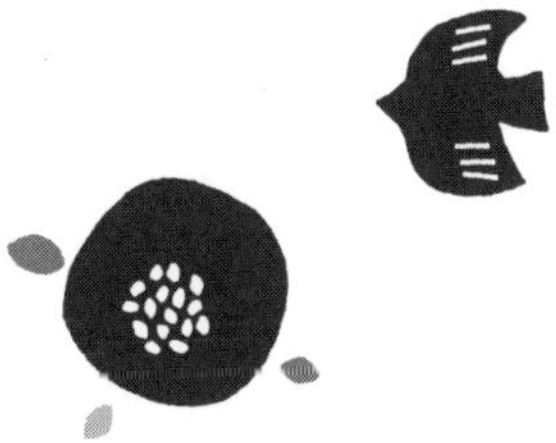

三年生

きつつきの商売

指導計画・略案／シート解答例・評価例……62
シート①設定を考える……63
②きつつきが出した音について考える……64
③2の場面のきつつきの商売について考える……65

まいごのかぎ

指導計画・略案／シート解答例……66
シート①場面ごとに内容をまとめる……67
②主役の気持ちの変化を考える……68
③かぎのもつ意味を考える……69
④自分だったらどこにかぎをさすのか考える……70
⑤感想文を書く……71

ちいちゃんのかげおくり

指導計画・略案／シート解答例……72
シート①話に出てくる言葉について考える……73
②場面ごとに要約する……74
③第一場面と第四場面の違いを考える……75
④第五場面に書かれている様子を読み取る……76
⑤感想文を書く……77

三年とうげ

指導計画・略案／シート解答例……78
シート①設定を考える……79
②場面ごとに要約をする……80
③主役の変化と主題を考える……81
④紹介文を書く……82
⑤昔話や民話の紹介文を書く……83

モチモチの木

指導計画・略案／シート解答例……84
シート①登場人物の人物像を考える……85
②二つの場面の豆太の違いを考える……86
③クライマックスを考える……87
④豆太の変化を考える……88
⑤「豆太は見た」のじさまについて考える……89

四年生

白いぼうし

指導計画・略案／シート解答例……90
シート①登場人物と主役を考える……91
②不思議な世界への入り口と出口を考える……92
③不思議だなと思ったところを考える……93
④ファンタジーの物語の設定を考える……94
⑤ファンタジーの物語を書く……95

一つの花

指導計画・略案／シート解答例……96
シート①初発の感想を書く……97
②設定を考える……98
③第一、二場面と第三場面を対比する……99
④「一つだけ」の言葉にこめられた思いを考える……100
⑤感想文を書く……101

ごんぎつね

指導計画・略案／シート解答例……102
シート①初発の感想を書く……103
②場面ごとにごんの行動や気持ちを考える……104
③ごんについて読み取る……105
④主役の変化を考える……106
⑤第6場面の兵十について考える……107

プラタナスの木

指導計画・略案／シート解答例……108
シート①設定を読み取る……109
②場面ごとに要約をする……110
③最初と最後で変化したことを考える……111
④主題を考える……112
⑤感想文を書く……113

初雪のふる日

指導計画・略案／シート解答例……114
シート①設定と感想を書く……115
②場面ごとに心に残った文を書く……116
③不思議な世界への入り口と出口を考える……117
④話に出てくる表現について考える……118
⑤話について考えたことをまとめる……119

五年生

なまえつけてよ

指導計画・略案／シート解答例……120
シート①登場人物の行動や心情を考える……121
②要約し、心情の変化を考える……122
③クライマックスを考え、内容をまとめる……123

たずねびと

指導計画・略案／シート解答例……124
シート①設定を考える……125
②場面ごとに要約する……126
③主役の変化を考える……127
④主題を考える……128
⑤テーマに対する自分の考えを書く……129

大造じいさんとガン

指導計画・略案／シート解答例……130
シート①三回の戦いについて考える……131
②残雪とハヤブサの戦いについて考える……132
③情景描写の効果について考える……133
④物語の魅力を伝える文章を書く……134
⑤主題を考える……135

六年生

帰り道

指導計画・略案／シート解答例……136
シート①出来事に対する感じ方をまとめる……137
②登場人物の人物像を考える……138
③クライマックスを考える……139

やまなし

指導計画・略案／シート解答例……140
シート①スクリーンの位置を考える……141
②谷川の様子を考える……142
③五月と十二月を対比する……143
④色のイメージを考える……144
⑤なぜ「やまなし」という題名なのか考える……145

海の命

指導計画・略案／シート解答例……146
シート①登場人物と太一との関係を考える……147
②テーマを決めて話し合いをする……148
③クライマックスを考える……149
④色のイメージを考える……150
⑤作品が伝えたいことを考える……151

解答モデル（解答例）のつづき

1 スイミー／スーホの白い馬／
まいごのかぎ／ちいちゃんのかげおくり……152
2 三年とうげ／モチモチの木／白いぼうし……153
3 一つの花／ごんぎつね／プラタナスの木……154
4 初雪のふる日／なまえつけてよ／たずねびと……155
5 大造じいさんとガン／帰り道……156
6 やまなし／海の命……157

はなの　みち　三時間計画

分析の視点
登場人物

準備物
拡大した教科書の挿絵
絵本『はなのみち』

指導計画

第一時　範読・音読の工夫を考える（シート①）
第二時　話の内容をまとめる（シート②）
第三時　登場人物と季節の変化の検討（シート②）

各時間の指導略案（主な指示・発問・説明）

第一時

(1) シート①を配布する
(2) 「『はなのみち』を音読します。一回読んだら○を一つ塗りなさい」
(3) ・一人読み　・一斉読み　・交代読み　など、様々な方法で音読させます
(4) 「『しまった～』の文はどのように読んだらよいですか。（れい）のように書きなさい」
・まだひらがなの学習の途中なので、発表させた後、児童の考えを教師がまとめて黒板に書き、それを視写させてもよいです
(5) 「音読の工夫をして、『はなのみち』を読みましょう」
・となりの子と交代で練習をさせます
(6) 「発表しましょう」

第二時

(1) シート②を配布する
(2) 「『はなのみち』はどんな話ですか。四角の中に言葉を書きなさい」
・拡大したシートを黒板に貼り、一緒に書いていきます
・すべての枠が書き終わったら、繰り返し音読をさせ、あらすじを理解させます

第三時

(1) シート③を配布する
(2) 「絵を見て、出てきた動物を書きなさい」
(3) 「話の中に出てきた動物を書きなさい」
(4) 登場人物の定義を読ませ、くまさんとりすさんが登場人物であることを教えます
(5) 「二枚の絵（冬と春のイラスト）を見て、違いを書きなさい」
・発表させてから、教師が書いたものを視写させてもよいです
(6) 「季節は何から何に変わりましたか」

「解答モデル（解答例）」

シート①
(1) 略
(2) 種を落としてしまったと、困った感じで読む。

シート②
ふくろ　りすさん　ありません　あたたかい
はな

シート③
(1) くまさん　りすさん　すずめ　うさぎ
たぬき　かえる　かたつむり　きつね
ちょうちょ　おたまじゃくし
(2) くまさん　りすさん
(3) 最初の絵は花が咲いていないけれど、後の絵では花が咲いている。
(4) 冬　春

百文字限定　通知表所見例

(1) 『はなのみち』で話に書かれている内容をまとめました。くまさんがふくろを拾ったことや、りすさんに聞きに行く途中で中身を落としてしまったことなど、教科書を読み、的確に答えていました。
(2) 物語文を読み取る中で、季節の変化を考えました。『はなのみち』では、挿絵を見て花が咲いていたり、緑が増えたりしていたことから、冬から春に変わったと考えることができました。
(3) 登場人物について考えました。『はなのみち』においては、挿絵を見て出てくる動物を挙げた後、話の中に出てくるのは「くまさん」と「りすさん」であることを発表しました。登場人物の定義もよく理解していました。

指導教材　☆プラスワン☆

岩崎書店より、絵本『はなのみち』が出版されています（岡信子作　土田義晴絵）挿絵を書いた人が教科書と違うので、学習が終わった後に、絵本の読み聞かせをするとよいです。読んだ後に、絵本の読み聞かせをするとよいです。

はなの　みち①

なまえ（　　　　　　　）

『はなの　みち』を　おんどく　しましょう。

①②③④⑤⑥⑦⑧⑨⑩

(1)『はなの　みち』を　おんどく　しましょう。いっかい　よんだら　○を　ひとつ　ぬりましょう。

(2)つぎの　ぶんは　どのように　よんだら　よいでしょうか。
（れい）のように　かきましょう。

「おや、なにかな。
いっぱい
はいって　いる。」

（れい）
なにが　はいって
いるんだろうと
ふしぎな　かんじ
で、よむ。

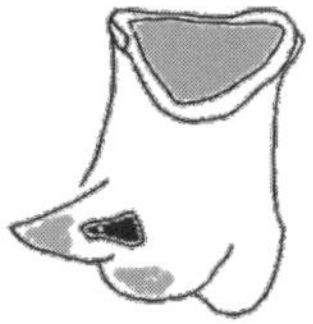

「しまった。
あなが　あいて　いた。」

(3)
(2)でかんがえた　よみかたで　よみましょう。
となりの　ともだちと　こうたいで　れんしゅうしましょう。

◎『はなの　みち』を　おんどくする　ことが　できました。

はなの　みち②

なまえ（　　　　）

どんな　おはなしなのか　かんがえましょう。

『はなの　みち』は　どんな　おはなしでしょうか。□に　ことばを　かきましょう。

くまさんが、□□□を　みつけました。

くまさんが、ともだちの　□□□□に　ききに　いきました。

くまさんが、ふくろを　あけました。

なにも　□□□□□。

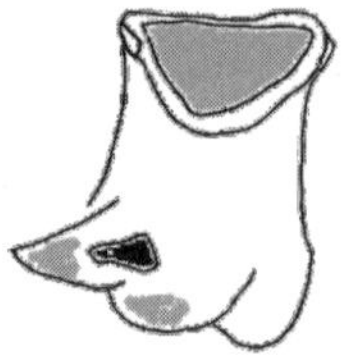

□□□□□　かぜが　ふきはじめました。

ながい　ながい　□□の　いっぽんみちが　できました。

はなの みち③

なまえ（　　　　　　）

「とうじょうじんぶつ」と「きせつ」を かんがえましょう。

⑴『はなの みち』の えを みて でてきた どうぶつを かきましょう。
うすい もじは なぞりましょう。

くまさん	りすさん	すずめ
うさぎ		

おはなしの なかに でて くる ひとや どうぶつを **「とうじょうじんぶつ」** と いいます。

⑵おはなしの なかに でてきた どうぶつを かきましょう。

⑶にまいの えを みて ちがいを かきましょう。

⑷おはなしの なかで きせつは なにから なにに なりましたか。

［　　　］から［　　　］になりました。

◎「とうじょうじんぶつ」と「きせつ」を かんがえる ことが できました。

おおきな　かぶ

ロシアのみんわ

五時間計画

分析の視点
登場人物

準備物
かぶ
おおきなかぶ（劇化する場合）

指導計画

第一時　範読・音読
第二時　「おもしろいな」と思うところを考える（シート①）
第三時　登場人物の検討（シート②）
第四時　役に分かれて音読練習（シート③）
第五時　音読発表会

各時間の指導略案（主な指示・発問・説明）

第二時

(1) シート①を配布する
(2) 「『おおきなかぶ』を音読します。一回読んだら、○を一つ塗りなさい」
(3) ・一人読み　・一斉読み　・交代読み　など、様々な方法で音読させます
(4) 「『うんとこしょ、どっこいしょ。』は何回出てきますか」
(5) 「『うんとこしょ、どっこいしょ。』はどのように読んだらよいですか」
(6) 「（れい）のように、面白かったところを書きなさい」
(7) 「発表しなさい」

第三時

(1) シート②を配布する
(2) 「登場人物について考えます。薄い文字をなぞりなさい」
(3) 「『おおきなかぶ』の登場人物を書きなさい」
(4) 「かぶは登場人物でしょうか」
(5) 「理由を書きなさい」
(6) 「発表しなさい」

第四時

(1) シート③を配布する
(2) 「役に分かれて音読します。どの役をやるのか、グループで話し合いなさい」
(3) 「音読をするときに工夫することを書きなさい」
(4) 「役に分かれて音読します。書かれていることができたら、○を付けなさい」
(5) いくつかのグループに発表させます

「解答モデル（解答例）」

シート①

(1) 略
(2) 6
(3) 元気のよい声で読む。
(4) なかなか、かぶがぬけなかったところが、おもしろかったです。

シート②

(1) 略
(2) おじいさん　おばあさん　まご
いぬ　ねこ　ねずみ
(3) ○かぶは、とうじょうじんぶつではありません。
(4) かぶは、おはなしのなかで、はなしていないからです。

シート③

(1) 略
(2) 「うんとこしょ、どっこいしょ。」をげんきよく、よみます。
(3) 略

百文字限定　通知表所見例

(1) 『おおきなかぶ』で会話文の読み方を考えました。「『うんとこしょ、どっこいしょ。』は元気よく読んだ方が良い」と発表し、場面の様子を的確に想像することができました。
(2) 物語における登場人物について学びました。「おおきなかぶのかぶは登場人物か」という課題に対し「かぶは話をしていないから、登場人物とは言えない」と考えることができました。
(3) 『おおきなかぶ』で音読発表会をしました。おじいさんの役になり、口を大きく開けて読むことを目標に練習をしました。かけ声を徐々に大きくしたり、動きをつけたりと、様々工夫して読むことができました。

指導教材　☆プラスワン☆

音読発表会を劇のようにして発表させる場合、動きを付けるほかに、セリフを付け足すという活動ができます。「おじいさんは、おばあさんを呼ぶとき、どんなことを言うと思いますか」と発問します。「おおい、いっしょにかぶを抜いてくれ」「おばあさん、ちょっと手伝ってくれないか」などが児童から出されます。劇の中でそのようなセリフをいれるとさらに良いことを伝え、練習させます。

おおきな　かぶ①

なまえ（　　　　　）

おんどくをして、「おもしろいな」とおもうことをかんがえましょう。

(1)『おおきなかぶ』を　おんどく　しましょう。
一かい　よんだら、○を一つ　ぬりましょう。

①②③④⑤⑥⑦⑧⑨⑩

おんどくのしかた
- おいよみ
- こうたいよみ
- いっせいよみ
- ひとりよみ
- たけのこよみ

(2)「うんとこしょ、どっこいしょ。」は、おはなしの
なかに　なんかい　でてきますか。

　　かい　でてきます。

(3)「うんとこしょ、どっこいしょ。」は、どのように
よんだら　よいでしょうか。

(4)『おおきなかぶ』をよんで、「おもしろいな」とおもったところを
（れい）のように　かきましょう。

（れい）みんなで　ちからを　あわせて　かぶを　ぬいた　ところが
おもしろかったです。

◎おんどくをして、「おもしろいな」とおもうことを　かんがえることが　できました。

おおきな かぶ②

なまえ（　　　　）

とうじょうじんぶつを かんがえましょう。

(1) 「とうじょうじんぶつ」についての せつめいです。うすい もじを なぞりましょう。

とうじょうじんぶつとは、おはなしのなかで はなしたり、うごいたり、かんがえたりする ひとや どうぶつや もの。

(2) 『おおきなかぶ』の とうじょうじんぶつを かきましょう。うすい もじは なぞりましょう。

おじいさん

(3) 「かぶ」は とうじょうじんぶつ でしょうか。ただしいほうに ○を つけましょう。

	かぶは、とうじょうじんぶつです。
	かぶは、とうじょうじんぶつでは ありません。

(4) (3)のように かんがえた りゆうを かきましょう。

◎とうじょうじんぶつを かんがえることができました。

おおきな　かぶ③

なまえ（　　　　）

やくに　わかれて　おんどくを　しましょう。

⑴どの　やくに　なって　おんどくを　しますか。○を　つけましょう。

	おじいさん
	おばあさん
	まご
	いぬ
	ねこ
	ねずみ
	かたりて

⑵おんどくを　するときに　くふうすることを　一つ　きめましょう。

⑶やくに　わかれて　おんどくを　しましょう。つぎの　ことが　できたら、○を　つけましょう。

	やくに　わかれて　おんどくが　できました。
	「うんとこしょ、どっこいしょ。」を　くふうして　よめました。
	うごきを　つけて　よめました。
	⑵で　きめたことが　できました。

◎やくにわかれて　おんどくができました。

おむすび　ころりん　四時間計画

分析の視点
登場人物
主役

準備物
教科書のイラストを拡大したもの
絵本『おむすびころりん』

指導計画

第一時　範読・音読
第二時　音読の工夫を考える（シート①）
第三時　話の内容をまとめる（シート②）
第四時　登場人物と面白かったところを考える（シート③）

各時間の指導略案（主な指示・発問・説明）

第二時

(1) シート①を配布する
(2) 「『おむすびころりん』を音読します。一回読んだら○を一つぬりなさい」
(3) ・一人読み　・一斉読み　・交代読み　など様々な方法で音読させます
(4) 「『おむすび〜』の文は何回出てきますか」
(5) 「どのように読んだらよいでしょうか」
(6) 「隣の友達と交代で練習をしなさい」
(7) 「発表しなさい」

第三時

(1) シート②を配布する
(2) 「『おむすびころりん』はどんな話ですか。四角の中に言葉を書きなさい」
・拡大したシートを黒板に貼り、一緒に書いていきます
・すべての枠を書き終わったら、イラストに色塗りをさせたり、おじいさん、ねずみなどの登場人物をシートの中に描かせたりします

第四時

(1) シート③を配布する
(2) 「登場人物について考えます。薄い文字をなぞりなさい」
(3) 「『おむすびころりん』の登場人物を書きなさい」
(4) 「発表しなさい」
(5) 「主役はだれですか」
(6) 「『おむすびころりん』を読んで、面白かったところを（れい）を参考に書きなさい」
(7) 「発表しなさい」

「解答モデル（解答例）」

シート①
(1) 略
(2) 1　4
2　歌うように読みます。
(3) 略
(4) 略

シート②
おむすび　あな　おむすび　ころりん　すっとんとん。ころころ　ころりん　すっとんとん。
ねずみのおうち　こづち　おこめ　こばん

シート③
(1) 略
(2) おじいさん　ねずみ　おばあさん
(3) おじいさん
(4) おじいさんも、あなにおちてしまったところが、おもしろかったです。

百文字限定　通知表所見例

(1) 音読が上手になりました。『おむすびころりん』では「おむすび　ころりん　すっとんとん。ころころ　ころりん　すっとんとん。」の所を「楽しく読むのが良い」と考え、練習することができました。

(2) 『おむすびころりん』の学習で書かれている内容を短くまとめました。「おむすび」「ねずみのおうち」など、キーワードを的確に抜き出すことができていました。内容を読み取る力がついてきています。

(3) 『おむすびころりん』の学習で面白かったところを考えました。「おじいさんが何度もおむすびを落とすところがおもしろかった」と書きました。グループで交流する中で、様々な考えにふれることもできました。

指導教材　☆プラスワン☆

「おむすび　ころりん　すっとんとん。〜」の音読で、それぞれの読み方を考えさせることもできます。挿絵を提示し「最初のイラストの時、おじいさんは、どんな気持ちで『おむすび〜』の歌を聴いていたのかな」と発問します。「ふしぎな気持ち」「おどろいた気持ち」など意見が出されます。同じように四つの場面の気持ちを問うて、それぞれに合った「おむすびころりん〜」の音読方法を考えさせてもよいです。

おむすび　ころりん①

なまえ（　　　　）

『おむすび　ころりん』を　おんどく　しましょう。

⑴『おむすび　ころりん』を　おんどく　しましょう。いっかい　よんだら
○を　ひとつ　ぬりましょう。

①②③④⑤⑥⑦⑧⑨⑩

⑵おんどくの　しかたを　かんがえましょう。

おむすび　ころりん　すっとんとん。
ころころ　ころりん　すっとんとん。

①この　うたは　おはなしの　なかに　なんかい　でてきますか。

［　　　　］かい　でてきます。

②どのように　よんだら　よいでしょうか。
（れい）のように　かきましょう。
（れい）たのしい　かんじで　よみます。

［　　　　　　　　　　　　　　　　］

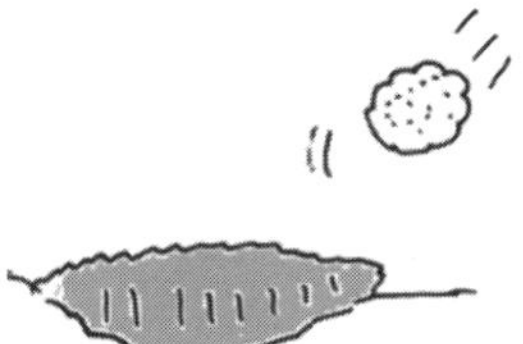

⑶⑵の②でかんがえた　よみかたで　よみましょう。
となりのともだちと　こうたいで　れんしゅうしましょう。

⑷⑶で　れんしゅうしたことを　いかして　『おむすび　ころりん』を
よみましょう。

◎『おむすび　ころりん』を　おんどくする　ことが　できました。

おむすび　ころりん②

なまえ（　　　　）

どんな　おはなしなのか　かんがえましょう。

(1)『おむすび　ころりん』は　どんな　おはなしでしょうか。□に　ことばを　かきましょう。

おじいさんが　□□□□　を　たべようとしたら、
ひとつ　ころがりました。

おむすびは　□□　に　とびこみました。

お□□□こ□□□す□□□□□。

という　うたが　きこえて　きました。

おじいさんも　ねの□□□□□□　に　とびこみ
ました。

おむすびの　おれいに　□□□　を　もらいました。

こづちを　ふると　□□□　や　□□□　が　でて
きました。

おむすび　ころりん③

なまえ（　　　　　　）

「とうじょうじんぶつ」と「おはなしの　おもしろかったところ」を　かんがえましょう。

(1) 「とうじょうじんぶつ」についての　せつめいです。うすい　もじを　なぞりましょう。

とうじょうじんぶつとは、おはなしのなかで　はなしたり、うごいたり、かんがえたりする　ひとや　どうぶつや　もの。

(2) 『おむすび　ころりん』の　とうじょうじんぶつを　かきましょう。

(3) おはなしの　しゅやくは　だれでしょうか。

(4) 『おむすび　ころりん』をよんで、おもしろかったところを（れい）のように　かきましょう。

（れい）おじいさんが、おむすびを　おとすところが　おもしろかった　です。

やくそく

こかぜ　さち／作　くろい　けん／絵

四時間計画

分析の視点
作者
登場人物

準備物
シートを拡大したもの
小風さち作の絵本

指導計画

第一時　範読・音読
第二時　音読の工夫を考える（シート①）
第三時　話の内容をまとめる（シート②）
第四時　登場人物と話の感想を考える（シート③）

各時間の指導略案（主な指示・発問・説明）

第二時

(1) シート①を配布する
(2)「『やくそく』の話を書いたのは誰ですか」
(3)「『やくそく』の絵を描いたのは誰ですか」
(4)「『やくそく』を音読します。一回読んだら○を一つ塗りなさい」
(5)「『だめだめ。～』『みんなもっと～』の文はどのように読んだらよいでしょうか」
(6) 隣同士発表させた後、全体の場で数名発表させます
(7)「考えた読み方で読みましょう」
・隣の子と交代で練習させます
(8)「発表しなさい」

第三時

(1) シート②を配布する
(2)「『やくそく』はどんな話ですか。四角の中に言葉を書きなさい」
・拡大したシートを黒板に貼り、一緒に書いていきます
・すべての枠が書き終わったら、繰り返し音読をさせて、あらすじを理解させます

第四時

(1) シート③を配布する
(2)「『やくそく』の登場人物を書きなさい」
(3)「『木のは』は登場人物でしょうか」
(4)「理由を書きなさい」
(5) 発表させます
(6)「『やくそく』を読んで、面白かったところや、すてきだなと思ったところを（れい）を参考に書きなさい」
(7) グループで発表させます
(8) 全体の場で数名発表させます

「解答モデル（解答例）」

シート①
(1) こかぜ　さち
(2) くろい　けん
(3) 略
(4) 怒った感じで読みます。
優しく誘う感じで読みます。
(5) 略

シート②
木のは　ちょう　あおむし　は　あおむし　は
おおげんか　せかい　いちばんたかいえだ　う
み　やくそく

シート③
(1) あおむし　おおきな木
(2) ○「木のは」は、とうじょうじんぶつではありません。
(3) 木のはは、話していないからです。
(4) さいごになかなおりをしたところが、すてきだとおもいました。

百文字限定　通知表所見例

(1)『やくそく』の音読の工夫を考えました。「だめ　だめ。この木は　ぼくの　木。ぼくのはっぱ。」のところを、いいあいをしているように、少し怒った感じで読んだほうがよいと考えていました。
(2) 物語文の内容を読み取りました。『やくそく』の話では、場面ごとに「あおむし」「やくそく」などのキーワードを抜き出し、あらすじを考えることができました。読み取る力が伸びています。
(3)『やくそく』の話で、面白いところや、素敵だと感じたところを考えました。「ちょうになって、みんなで海に行く約束をしたところが素敵だと思った」と書き、意見を交流することができました。

指導教材　☆プラスワン☆

同じ作者の絵本を読み聞かせしましょう。小風さちさんは、『わにわにのおふろ』や『わにわにのおけが』など、「わにわにシリーズ」が有名です。国語の時間の最後や朝学習の時間を使って読み聞かせをしましょう。読み聞かせをした後は、題名と作者、読んだ日を短冊に書き、教室に掲示すると、「読書の記録」として残していくことができます。

やくそく①

なまえ（　　　　）

『やくそく』を　おんどく　しましょう。

(1)『やくそく』の　おはなしを　かいたのは　だれですか。

(2)『やくそく』の　おはなしの　えを　かいたのは　だれですか。

(3)『やくそく』を　おんどく　しましょう。いっかい　よんだら　○を　ひとつ　ぬりましょう。

①②③④⑤⑥⑦⑧⑨⑩

(4)つぎの　ぶんは　どのように　よんだら　よいでしょうか。

「だめ　だめ。この　木は、ぼくの　木。ぼくの　はっぱ。」

「みんな、もっと　うえまで　のぼって、そとの　せかいを　みて　ごらん。」

(5)(4)でかんがえた　よみかたで　よみましょう。となりのともだちと　こうたいで　れんしゅうしましょう。

◎『やくそく』を　おんどくする　ことが　できました。

やくそく②

なまえ（　　）

どんな　おはなしなのか　かんがえましょう。

(1)『やくそく』は　どんな　おはなしでしょうか。□に　ことばを　かきましょう。

あおむしは、まいにち　□　を　たべて、からだが
□　に　かわるひを　まって　いた。

あるとき、じぶんと　そっくりな　□　が
おなじ　木で、□　を　たべて　いた。

にひきが　いいあいを　して　いると、じぶんたちと
そっくりな　□　が、おなじ　木で、□　を
たべていた。あおむしたちは　□　を　した。

おおきな　木が　「そとの　□　を　みて　ごらん。」
と　いった。□　に
つくと、とおくには、□　がみえた。

さんびきは、からだが　ちょうに　かわったら、ひかって
いる　ところに　みんなで　とんでいく　□　を
した。

やくそく③

なまえ（　　　　　）

「とうじょうじんぶつ」と、おはなしの　おもしろかったところや、すてきだなと　おもったところを　かんがえましょう。

(1) 『やくそく』の　とうじょうじんぶつを　かきましょう。

［　　　　］が、三びき。［　　　　］

(2) 「木のは」は　とうじょうじんぶつ　でしょうか。
ただしいほうに　○を　つけましょう。

	「木のは」は、とうじょうじんぶつです。
	「木のは」は、とうじょうじんぶつでは　ありません。

(3) (2)のように　かんがえた　りゆうを　かきましょう。

(4) 『やくそく』をよんで、おもしろかったところや　すてきだなとおもった　ところを　(れい)を　さんこうに　かきましょう。

(れい) みんなで　うみまで　とんでいく　やくそくを　した　ところが　すてきだと　おもいました。

○

くじらぐも

なかがわ　りえこ／作　かきもと　こうぞう／絵

六時間計画

分析の視点
題名
作者

準備物
拡大したシート
拡大した教科書挿絵

指導計画

第一時　範読・音読
第二時　音読の工夫を考える（シート①）
第三時　話の内容をまとめる（シート②）
第四時　文の意味の違いを考える（シート③）
第五時　雲に乗った子供たちの言葉を想像する
第六時　音読発表会

各時間の指導略案（主な指示・発問・説明）

第二時

(1)シート①を配布する
(2)「題名、作者、絵を描いた人を書きなさい」
(3)「『くじらぐも』を音読します。一回読んだら、○を一つ塗りなさい」
(4)・一人読み　・一斉読み　・交代読み　など、様々な方法で音読させます
(5)「『天までとどけ、一、二、三。』」このセリフは、何回出てきますか」
(6)「すべて同じように読みますか。違うように読みますか」
(7)「理由を書きなさい」
(8)「工夫して音読しなさい」

第三時

(1)シート②を配布する
(2)「『くじらぐも』はどんな話ですか。四角の中に言葉を書きなさい」
・拡大したシートを黒板に貼り、一緒に書いていきます
・すべての枠を書き終わったら、イラストに色塗りをさせて、時間調整をします

第四時

(1)シート③を配布する
(2)「文の意味の違いを考えます。[1]『しろい　くもの　くじらです。』『まっしろい　くもの　～』この二つはどのように意味が違うでしょうか」
(3)書かせた後、発表させます。同様に[2]以降も扱います
(4)「工夫して音読します。[1]「まっしろい～」の文はどのように読んだらよいでしょうか」
(5)同様に[2]以降も音読の工夫を考えさせます
(6)「『くじらぐも』を音読しましょう」

「解答モデル（解答例）」

シート①

(1)くじらぐも　なかがわりえこ　かきもとこうぞう
(2)略
(3)[1]3
[2]○ちがうようによみます。
[3]だんだん大きな声で読んだ方が良いと思うからです。
(4)略

シート②

くじら「ここへおいでよう。」「天までとどけ、一、二、三。」くじら　うみ　むら　まち　うた　ジャングルジムのうえ「さようなら。」

シート③

(1)[1]まっしろいの方が、より白く感じる。
[2]とびのろうだと、ジャンプをして乗っている感じになる。
[3]青い、青いの方が、雲一つない真っ青な空の様子になる。
[4]どこまでも、どこまでもの方が、空がずっと続いている様子を感じる。
(2)略

百文字限定　通知表所見例

(1)『くじらぐも』の学習で音読の工夫を考えました。「天までとどけ、一、二、三。」を、「どんどん高く跳べるようになっているから、声を大きくしていった方が良い」と考え、練習をすることができました。
(2)言葉による、意味の違いを考えました。「青い空」と「青い青い空」では、「青い青い空」の方が、雲一つない感じがすると発表することができました。
(3)『くじらぐも』で、雲の上に乗った子供たちの会話を考えました。頭の上に乗った子どもに「遠くに、海が見えるよ」というセリフを付け、情景を想像することができました。

指導教材　☆プラスワン☆

第一時間目は音読中心ですが、学習の後半で「くじら」について読み取らせると、イメージが広がります。「くじらについて、分かることを発表してください」と指示します。「まっ白いくじら」「大きなくじら」「体操をするくじら」「きっと、学校がすきなくじら」「しゃべることができるくじら」などが出されます。

くじらぐも①

なまえ（　　　　）

おんどくの　くふうを　かんがえましょう。

(1)つぎの　ことに　ついて　かきましょう。

だいめい

さくしゃ

えを　かいた　ひと

(2)『くじらぐも』を　おんどく　しましょう。いっかい　よんだら　○を　ひとつ　ぬりましょう。

①②③④⑤⑥⑦⑧⑨⑩

(3)おんどくの　しかたを　かんがえましょう。

「天まで　とどけ、一、二、三。」

1この　せりふは　おはなしの　なかに　なんかい　でてきますか。

　　　かい　でてきます。

2この　せりふは、すべて　おなじように　よみますか。ちがう　ように　よみますか。どちらかに　○を　つけましょう。

	おなじ　ように　よみます。
	ちがう　ように　よみます。

3　2のように　かんがえた　りゆうを　かきましょう。

(4)「天まで　とどけ、一、二、三。」の　よみかたを　れんしゅうしましょう。うごきも　つけましょう。

◎おんどくの　くふうを　かんがえる　ことが　できました。

くじらぐも②

なまえ（　　　　　　　　）

どんな　おはなしか　かんがえましょう。

子どもたちが　たいそうを　していると、空に、

大きな　［　　　］　が　あらわれた。

［「こ　　　　　　　　」］　みんなが　さそうと

［「こ　　　　　　　　」］　と　くじらも　さそった。

みんなは　手をつないで、まるい　わに　なると、

［「天と、、、　　　　　」］　と

ジャンプした。いきなり、かぜが、みんなを　空へ　ふきとばし、

せんせいと　子どもたちは、くもの　［　　　］　に　のっていた。

くじらは　［　　］　の　ほうへ、［　　］　の　ほうへ、［　　］

の　ほうへ、すすんでいった。みんなは、［　　］　を　うたった。

くじらぐもは　［　　　　　　　　　］　に、

みんなを　おろした。［「さ　　　　　」］　と　くもの

くじらは、また、げんきよく、空へ　かえって　いった。

くじらぐも③

なまえ（　　　）

いみの　ちがいを　かんがえましょう。

(1) つぎの　二つの　ぶんでは　どのような　いみの　ちがいが　あるでしょうか。

1
・しろい　くもの　くじらです。
・まっしろい　くもの　くじらです。

2
・くもの　くじらに　のろう。
・くもの　くじらに　とびのろう。

3
・くじらは、青い　空の　なかを、
・くじらは、青い　青い　空の　なかを、

4
・空は　どこまでも　つづきます。
・空は　どこまでも　どこまでも　つづきます。

(2) ちがいを　かんがえながら、『くじらぐも』を　おんどく　しましょう。

◎ぶんの　いみの　ちがいを　かんがえる　ことが　できました。

たぬきの糸車 五時間計画

きし なみ／作 むらかみ ゆたか／絵

分析の視点
登場人物
主役

準備物
教科書のイラストを拡大したもの

指導計画

第一、二時 範読・音読
第三時 場面分け（シート①）
第四時 登場人物、主役の検討（シート②）
第五時 場面ごとにたぬきの行動と、おかみさんの気持ちをまとめる（シート③）

各時間の指導略案（主な指示・発問・説明）

第三時

(1)シート①を配布する
(2)『たぬきの糸車』を五つの場面に分けます。場面の最初の言葉を教科書から探しなさい」
(3)場面を線で区切らせた後、シートに最初の文を書かせます
(4)「二の場面を音読します。一回読んだら、○を一つ塗りなさい」
(5)第二場面を一度音読させ、次の課題に移ります
(6)「『キーカラカラ～』『糸車が～』の文はどのような動きを付けて読んだらよいでしょうか」
(7)「動きをつけて第二場面を音読しなさい」

第四時

(1)シート②を配布する
(2)「登場人物について考えます。薄い文字をなぞりなさい」
(3)「『たぬきの糸車』に出てくる登場人物をすべて書きなさい」
(4)「主役はだれですか」
(5)「理由を（れい）を参考に書きなさい」
(6)「グループで話し合いなさい」

第五時

(1)シート③を配布する
(2)「場面ごとにたぬきのしたことを書きましょう。また、その時のおかみさんがどう思ったのか書きましょう」
・第二場面の枠に書かせ発表させることで例示とします
・続けて第五場面まで書かせ、発表させます
・それぞれの場面は挿絵と対応していますので、黒板に拡大した挿絵を貼っておき、どの場面なのか明確にします
(3)「一番好きな場面はどこですか。（れい）を参考に書きなさい」

「解答モデル（解答例）」

シート①

(1)
一むかし、ある山おくに、きこりの～
二ある月のきれいなばんのこと、～
三あるばん、こやのうらで、～
四はるになって、また、きこりの～
五たぬきは、ふいに、おかみさんが～
(2)略
(3)略

シート②

(1)略
(2)きこりのふうふ（きこり、おかみさん）
たぬき
(3)たぬき（おかみさんも可）
(4)わたしは、たぬきがしゅやくだとかんがえます。なぜなら、だいめいが、『たぬきの糸車』だからです。

シート③

(1)
二まいばんやってきて、糸車をまわすまねをくりかえした。いたずらもんだが、かわいいな
三わなにかかった。かわいそうに。わなになんか、かかるんじゃないよ。
四じょうずな手つきで糸をつむいでいた。とてもおどろいた。
五おどりながらかえっていった。ありがとうと思った。
(2)わたしは、五のばめんがすきです。なぜなら、おどりながら帰って行くたぬきが、かわいいと思ったからです。

百文字限定 通知表所見例

(1)物語文の場面分けについて考えました。『たぬきの糸車』では場面の最初に、時の経過を表す言葉があることに気付きました。場面ごとに書かれている内容も、的確に読み取ることができました。

(2)『たぬきの糸車』で主役はだれなのか考えました。題名に書かれていることや、話の中に多く出てくることから、たぬきが主役であると考え、意見を発表することができました。

指導教材 ☆プラスワン☆

最後の場面で、おかみさんに気付いたたぬきは「うれしくて、たまらないというように、ぴょんぴょこおどりながら～」とあります。ここから「たぬきは、もう一度、きこりの家にもどってくるでしょうか」という課題が考えられます。「もう満足したから戻ってくる」「戻ってこない」「おかみさんに会いにまた戻ってくる」様々な理由をもとに話し合うことができます。対話的な学習につなげることができます。

たぬきの 糸車①

なまえ（　　　　）

五つの ばめんに わけて おんどく しましょう。

(1)『たぬきの糸車』を 五つの ばめんに わけます。うすい 文字から はじまる、それぞれの ばめんの 文を きょうかしょから さがして かきましょう。

ばめん	さいしょの文
一	むかし、ある山おくに、きこりのふうふが すんでいました。
二	ある月の
三	あるばん、
四	はるになって、
五	たぬきは、ふいに、

(2) 二のばめんを おんどくを しましょう。
一かい よんだら、○を 一つぬりましょう。

①②③④⑤⑥⑦⑧⑨⑩

(3) つぎの 二つの 文を うごきを つけて よみましょう。
できたら、○を つけましょう。

	キーカラカラ　キーカラカラ キークルクル　キークルクル
	糸車が　キークルクルと　まわるに　つれて、 二つの　目玉も、くるりくるりと　まわりました。

いろいろな　おんどく

- おいよみ
- こうたいよみ
- いっせいよみ
- ひとりよみ
- たけのこよみ

たぬきの 糸車②

なまえ（　　　）

とうじょうじんぶつと しゅやくを かんがえましょう。

(1)「とうじょうじんぶつ」についての せつめいです。うすい もじを なぞりましょう。

とうじょうじんぶつとは、おはなしのなかで はなしたり、うごいたり、かんがえたりする ひとや どうぶつや もの。

(2)『たぬきの糸車』の とうじょうじんぶつを かきましょう。

(3) しゅやくは、だれでしょうか。

(4) なぜ、(3)のように かんがえ ましたか。りゆうを（れい）を さんこうに かきましょう。

（れい） わたしは、～（しゅやくをかく）が しゅやくだとかんがえます。なぜなら、～（りゆうをかく）からです。

◎とうじょうじんぶつと しゅやくについて かんがえることが できました。

たぬきの　糸車③

なまえ（　　　　　　　　）

たぬきへの　おかみさんの　気もちを　かんがえましょう。

(1)ばめんごとに　たぬきの　したことを　かきましょう。また、おかみさんは　たぬきの　したことを　見て、どう　おもったでしょうか。

ばめん	たぬきの　したこと	おかみさんが　おもったこと
二	まいばんやってきて、糸車をまわすまねをくりかえしました。	
三		
四		
五		

(2)二から五のなかで、いちばん　すきな　ばめんは　どこですか。また、なぜ　そう　おもいましたか。（れい）をさんこうに　かきましょう。

（れい）わたしは、～（ばんごうを　かく）の　ばめんが　すきです。
なぜなら、～（りゆうを　かく）からです

◎たぬきへの　おかみさんの　気もちを　かんがえる　ことが　できました。

ふきのとう

くどう なおこ／作　ひらおか ひとみ／絵

六時間計画

分析の視点　登場人物

準備物　画像　ふきのとう

指導計画

第一時　範読・音読
第二時　登場人物（シート①）
第三時　短文づくり（シート②）
第四時　音読の工夫を考える（シート③）
第五時　音読発表会に向けての練習
第六時　音読発表会

各時間の指導略案（主な指示・発問・説明）

第二時

(1) シート①を配布する
(2) 「『ふきのとう』を音読します。一回読んだら〇を一つぬりなさい」
(3) ・一人読み　・一斉読み　・交代読み　など様々な方法で音読させます
(4) 「登場人物について考えます。薄い文字をなぞりなさい」
(5) 「『ふきのとう』の登場人物を出てきた順番に書きなさい」
(6) 「発表しなさい」

第三時

(1) シート②を配布する
(2) 「『ふきのとう』に出てくる言葉を使って、文を作ります。『〜あけました』という文を書きなさい」
(3) 発表させ、次の三つの意味で分類します
「〜空けました」「〜開けました」「〜明けました」
(4) 「『〜はきました』という文を書きなさい」
(5) 発表させ、次の三つの意味で分類をします
「吐きました」「履きました」「掃きました」
(6) 「『息をはきました』の『はきました（吐き）』と同じ意味で使っている文を一つ書きなさい」

第四時

(1) シート③を配布する
(2) 「音読の工夫を考えます。次の会話文はどのように読んだらよいですか。理由も書きましょう」
(3) 「さむかったね。うん、さむかったね。」の枠に書かせ発表させます。同様に他の三つも扱います
(4) 「役に分かれて音読します。どの役で音読するのか話し合いなさい」
(5) 「自分が読む会話文の音読の工夫を書き込みなさい」
(6) 「グループで練習しなさい」

「解答モデル（解答例）」

シート①

(1) 略　(2) 略
(3) **竹のはっぱ1**
・さむかったね。
竹のはっぱ2
・うん、さむかったね。
ふきのとう
・よいしょ、よいしょ。おもたいな。
雪
・ごめんね。
竹やぶ
・すまない。
お日さま
・おや、はるかぜがねぼうしているな。竹やぶも雪もふきのとうも、みんなこまっているな。
はるかぜ
・や、お日さま。や、みんな。おまちどお。

シート②

(1) ・ドアをあけました。
・年があけました。
・せきをあけました。
・ふでばこをあけました。
(2) ・くつをはきました。
・ねこが毛玉をはきました。
・ゴミをはきました。
・スカートをはきました。
(3) ・ねこが毛玉をはきました。
・水をはきました。

シート③

(1) **「さむかったね。」「うん、さむかったね。」**
音読のくふう
・さむそうに、小さな声で読む。
理由
・「ささやいています」と書かれているから。
「よいしょ、よいしょ。おもたいな。」

音読のくふう
・小さくゆっくり読む。
理由
・「ちいさな声がしました」と書かれているから。
「ごめんね。」

音読のくふう
・あやまるように読む。
理由
・ふきのとうが重たそうにしているから。
「すまない。」

音読のくふう
・ざんねんそうに読む。
理由
・おどりたくてもおどれないから。
(4) 略　(5) 略　(6) 略

ふきのとう①

名前（　　　　　　）

『ふきのとう』のとうじょうじんぶつをかんがえましょう。

(1)『ふきのとう』を音読しましょう。一かい読んだら、〇を一つぬりましょう。

①②③④⑤⑥⑦⑧⑨⑩

(2)とうじょうじんぶつとは、つぎのようにかんがえられます。うすい文字をなぞりましょう。

とうじょうじんぶつとは、おはなしの中ではなしたり、うごいたり、かんがえたりする人やどうぶつやもの。おはなしをげきにしたとき、やくがひつようになる。

(3)『ふきのとう』のとうじょうじんぶつを、出てきたじゅんにかきましょう。また、そのとうじょうじんぶつが、さいしょにはなしたことをかきましょう。うすい文字はなぞりましょう。

とうじょうじんぶつ	さいしょにはなしたこと
竹のはっぱ1	さむかったね。
竹のはっぱ2	

◎『ふきのとう』のとうじょうじんぶつをかんがえることができました。

ふきのとう②

名前（　　　　　　）

『ふきのとう』でつかわれている「ことば」をつかって、文をつくりましょう。

(1) 「よが　あけました。」とあります。（れい）のように「〜あけました。」という　みじかい文をかきましょう。

（れい）ふたを　あけました。

(2) 「いきを　はきました。」とあります。（れい）のように「〜はきました。」というみじかい文をかきましょう。

（れい）水を　はきました。

(3) (2)でかいたことや、はっぴょうされた中で「いきを　はきました。」の「はきました。」とおなじいみでつかわれている文を、一つかきましょう。

◎『ふきのとう』でつかわれている「ことば」をつかって、文をつくることができました。

ふきのとう③

名前（　　　　　　　　　　）

音読のくふうをかんがえましょう。

⑴つぎのかいわ文を読むときの、音読のくふうをかきましょう。りゆうもかきましょう。

音読のくふう（れい）

【声の大きさ】大きい声で読む　小さい声で読む

【読むはやさ】はやく読む　ゆっくり読む

【気もち】やさしいかんじで読む　さびしいかんじで読む

文	音読のくふう	りゆう
「さむかったね。」「うん、さむかったね。」		
「よいしょ、よいしょ。おもたいな。」		
「ごめんね。」		
「すまない。」		

⑵やくにわかれて音読をしましょう。じぶんのやくを、かきましょう。

⑶じぶんのやくのかいわ文について、音読のくふうを、きょうかしょにかきこみましょう。

⑷グループで音読のれんしゅうをしましょう。一かい読んだら、○を一つぬりましょう。

①②③④⑤⑥⑦⑧⑨⑩

◎音読のくふうをかんがえることができました。

スイミー

レオ＝レオニ／作・絵　たにかわ　しゅんたろう／訳

六時間計画

分析の視点
登場人物
主役　要約
主役の変化

準備物
画像　くらげ
いせえび　など

指導計画

第一時　範読・音読
第二時　登場人物、主役の検討（シート①）
第三時　場面要約（シート②）
第四時　スイミーの見たすばらしいものを考える（シート③）
第五時　主役の変化の検討（シート④）
第六時　紹介文を書く（シート⑤）

各時間の指導略案（主な指示・発問・説明）

第二時

(1)シート①を配布する
(2)「登場人物をすべて書きなさい」
(3)「主役は誰ですか」
(4)「（れい）を参考に、理由を書きなさい」

第三時

(1)シート②を配布する
(2)第一場面の薄い文字をなぞらせ、教科書に線を引かせる
(3)第二場面の薄い文字をなぞらせ、教科書に線を引かせて、もう一つのキーワードを探させる
(4)同様に第三場面も扱い、その他の場面のキーワードも探させ、線を引かせる
(5)「キーワードをシートに書きなさい」
(6)「条件に従って、場面ごとに内容をまとめなさい」

第四時

(1)シート③を配布する
(2)「スイミーが見た、素晴らしいものを書きなさい」
(3)「一番見たいものを（れい）を参考に書きなさい」
(4)「グループで意見を交流しなさい」

第五時

(1)シート④を配布する
(2)「スイミーはどのように変化したのか書きなさい」
(3)「理由を（れい）を参考に書きなさい」
(4)「グループで話し合いなさい」

第六時

(1)シート⑤を配布する
(2)「スイミーの話を短くまとめなさい」
(3)「面白いなと思ったところを書きなさい」
(4)「（れい）を参考にスイミーの紹介文を書きなさい」
(5)早く書き終わった児童同士で交流させせます

「解答モデル（解答例）」

シート①

(1)略
(2)スイミー、小さな魚のきょうだいたち、まぐろ、くらげ、いせえび、見たこともない魚たち、こんぶ、わかめ、うなぎ、いそぎんちゃく、スイミーとそっくりの小さな魚のきょうだいたち
(3)スイミー
(4)わたしは、『スイミー』のしゅやくはスイミーだとかんがえます。
だい一に、お話のだい名がスイミーだからです。
だい二に、お話のさいしょからさいごまで出ているからです。
だい三に、せりふが一番おおいからです。よって、わたしは、『スイミー』のしゅやくはスイミーだとかんがえるのです。

シート②

(1)
一　きょうだいたち　たのしくくらしていた　スイミー。
二　まぐろ　にげた　スイミー。
三　すばらしいもの　元気　スイミー。
四　小さな魚　かんがえた　スイミー。
五　大きな魚　おい出した　スイミー。
(2)
一　きょうだいたちとたのしくくらしていたスイミー
二　まぐろからにげたスイミー
三　すばらしいものを見て元気をとりもどしたスイミー
四　小さな魚を岩かげから出そうとかんがえたスイミー
五　大きな魚をおい出したスイミー

シート③

(1)
・にじ色のゼリーのようなくらげ
・水中ブルドーザーみたいないせえび
・見えない糸でひっぱられている、見たこともない魚たち
・ドロップみたいな岩から生えている、こんぶやわかめの林
・かおを見るころには、しっぽをわすれているほど長いうなぎ
・もも色のやしの木みたいないそぎんちゃく
・水中ブルドーザーみたいないせえび
(2)わたしが一ばん見てみたいと思うのは、水中ブルドーザーみたいないせえびです。
なぜなら、はくりょくがあって、かっこいいと思うからです。

152ページに続く

スイミー①

名前（　　　　）

とうじょうじんぶつとしゅやくについて考えましょう。

(1) とうじょうじんぶつとは、つぎのように考えられます。うすい文字をなぞりましょう。

とうじょうじんぶつとは、お話の中で、話したり、うごいたり、かんがえたりする人やどうぶつやもの。お話をげきにしたとき、やくがひつようになる。

(2) 『スイミー』のとうじょうじんぶつを書きましょう。うすい文字はなぞりましょう。

スイミー

(3) 『スイミー』のしゅやくはだれでしょうか。

(4) (3)のように考えたりゆうを（れい）をさんこうに書きましょう。

（れい）わたしは、『スイミー』のしゅやくは～だと考えます。
だい一に、～（りゆうをかく）からです。
だい二に、～（りゆうをかく）からです。
だい三に、～（りゆうをかく）からです。
よって、わたしは、『スイミー』のしゅやくは～だと考えるのです。

◎とうじょうじんぶつとしゅやくについて考えることができました。

スイミー②

名前（　　　　）

ばめんごとに、ないようをみじかくまとめましょう。

(1) それぞれのばめんでたいせつなことば（キーワード）を三つずつ書きましょう。うすい文字はなぞりましょう。

一	きょうだいたち	たのしくくらしていた	スイミー
二	まぐろ	にげた	
三	すばらしいもの		
四			
五			

(2) それぞれのばめんをつぎのじょうけんで、みじかくまとめましょう。

・文字数は「、」や「。」もふくめ、二十五文字いないにします。

・文のさいごは、「〜スイミー。」とします。

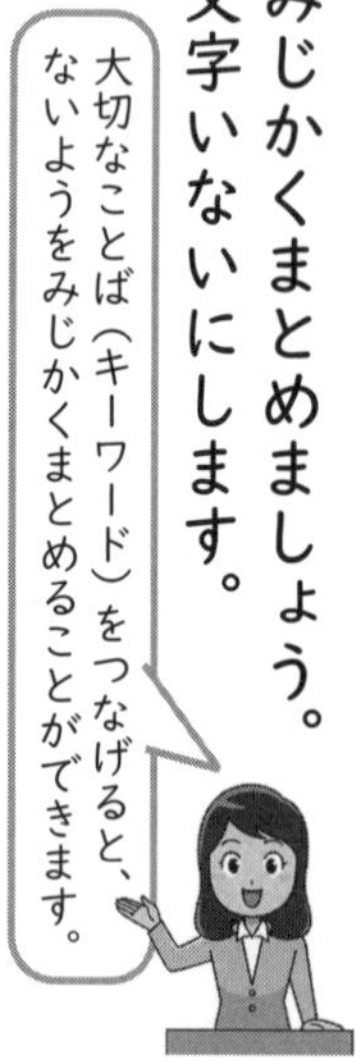

一	二	三	四	五

スイミー③

名前（　　　　　　　　）

スイミーが見たすばらしいものについて考えましょう。

(1) スイミーが見た、すばらしいものを書きましょう。
うすい文字はなぞりましょう。

にじ色のゼリーのようなくらげ。

(2) (1)で書いた中で、あなたが一ばん見てみたいものをえらび、（れい）をさんこうに、りゆうを書きましょう。

一ばん見てみたいもの

（れい） わたしが一ばん見てみたいのは、にじ色のゼリーのようなくらげです。
なぜなら、いろいろな色が見えて、きれいだと思うからです。

◎スイミーが見たすばらしいものについて考えることができました。

スイミー④

名前（　　　　　　　）

スイミーのへんかについて、考えましょう。

(1) スイミーはお話のはじめとさいごでどのようにかわりましたか。また、スイミーをかえたもの（こと）はなんでしょうか。

はじめ

さいご

スイミーをかえたもの（こと）

(2) (1)で考えたことを、（れい）をさんこうに書きましょう。

（れい）お話のはじめ、スイミーは〜が、〜しました。お話のさいごには、〜しました。

スイミーは、〜ことで、かわりました。

◎スイミーのへんかについて考えることができました。

スイミー⑤

名前（　　　　）

スイミーを家の人にしょうかいする文しょうを書きましょう。

(1)『スイミー』はどんなお話ですか。三十文字いないで、書きましょう。

(2)『スイミー』を読んで「おもしろいな」と思ったところを、三十文字いないで、書きましょう。

(3)（れい）をさんこうに、『スイミー』をしょうかいする文しょうを書きましょう。うすい文字はなぞりましょう。

（れい）『スイミー』には、～（とうじょうじんぶつを三人えらんで書く）などが出てきます。

このお話は、～（(1)をさんこうに書く）お話です。

わたしは、『スイミー』を読んで、～（(2)をさんこうに書く）がおもしろいと思いました。

『スイミー』には、

お手紙

アーノルド＝ローベル／作・絵　みき　たく／訳

六時間計画

分析の視点
登場人物
主役
主役の変化

準備物
特になし

指導計画

第一時　範読・音読
第二時　登場人物、主役の検討（シート①）
第三時　気持ちの変化を考える（シート②）
第四時　音読劇の準備（シート③）
第五、六時　音読劇

各時間の指導略案（主な指示・発問・説明）

第二時

(1)シート①を配布する
(2)「登場人物をすべて書きなさい」
(3)「最初から最後まで出てくるのは、がまくんですか。かえるくんですか」
(4)「会話文が多く書かれているのはどちらですか」
(5)「気持ちが大きく変わるのはどちらですか」
(6)「主役はどちらですか」
(7)グループで話し合わせます
(8)「グループで出された意見を発表しなさい」

第三時

(1)シート②を配布する
(2)「がまくんとかえるくんの気持ちは、最初と最後でどのように変わりましたか」
(3)「二人はなぜ、とても幸せな気持ちになったのでしょうか」
(4)「がまくんの気持ちが変わったのはどの文でしょうか。(れい) を参考に、理由も書きなさい」
(5)グループで話し合わせます
(6)「グループで出された意見を発表しなさい」

第四時

(1)シート③を配布する
(2)「どの役になって音読劇をするのか、グループで話し合って決めなさい（がまくん、かえるくん、かたつむりくん、ナレーター）」
(3)「工夫して音読するところを書きなさい」
(4)「三つのことについて、音読劇の目標を決めなさい」
(5)「音読劇の練習をしなさい。一回終わったら、○を一つ塗りなさい」

「解答モデル（解答例）」

シート①

(1)略
(2)かえるくん　がまくん　かたつむりくん
(3)かえるくん
(4)がまくん
(5)がまくん
(6)わたしは、『お手紙』のしゅやくはかえるくんだと考えます。なぜなら、お話のさいしょからさいごまでずっと出ているからです。

シート②

(1)はじめ
・かなしい気分
おわり
・とてもしあわせな気もち
(2)がまくん
・かえるくんがお手紙を書いてくれたから。
かえるくん
・がまくんからとてもいいお手紙だと言われたから。
(3)
1「だって、ぼくが、きみに　お手紙出したんだもの。」「きみが。」「ああ」「とてもいいお手紙だ。」など
2わたしは、「だって、ぼくが、きみに　お手紙出したんだもの」という文でがまくんの気もちがかわったと考えます。なぜなら、生まれて初めてお手紙がもらえると分かったからです。

シート③

(1)かえるくん
(2)
「きっと来るよ。」
・少し大きな声で読む。
・がまくんの目を見る。
「だって、ぼくが、きみにお手紙出したんだもの。」
・ちょっとはずかしそうな声
・手を前にくんで、もじもじする。
「ぼくは、こう書いたんだ。『親愛なる　がまがえるくん。ぼくは、きみがぼくの親友であることを、うれしく思っています。きみの親友、かえる。』」
・やさしい声
・がまくんの方をしっかりと見る。
(3)
声のくふう
・いつも友だちとお話するように読む。
うごきのくふう
・大きくゆっくりうごく。
そのほかのくふう
・ほかの子のせりふをよくきいて、つぎのせりふを読む。

お手紙①

名前（　　　　）

とうじょうじんぶつとしゅやくについて考えましょう。

(1) とうじょうじんぶつとは、つぎのように考えられます。うすい文字をなぞりましょう。

とうじょうじんぶつとは、お話の中で話したり、うごいたり、考えたりする人やどうぶつやもの。お話をげきにしたとき、やくがひつようになる。

(2)『お手紙』のとうじょうじんぶつを書きましょう。

(3) お話のさいしょからさいごまで、ずっと出ているのはがまくんでしょうか。かえるくんでしょうか。

(4) 会話文がおおく書かれているのは、がまくんでしょうか。かえるくんでしょうか。

(5) お話のさいしょとさいごで、気もちが大きくかわるのは、がまくんでしょうか。かえるくんでしょうか。

(6)『お手紙』のしゅやくは、がまくんでしょうか。かえるくんでしょうか。
（れい）をさんこうに書きましょう。

（れい）わたしは、『お手紙』のしゅやくは（がまくん／かえるくん）だと考えます。
なぜなら、～だからです。

◎とうじょうじんぶつとしゅやくについて考えることができました。

お手紙②

名前（　　　　）

がまくんとかえるくんの気もちのへんかについて考えましょう。

(1) がまくんとかえるくんは、はじめはどんな気分で、おわりはどんな気もちになったのでしょうか。うすい文字はなぞりましょう。

はじめ　気分

おわり　気もち

(2) がまくん、かえるくんは、なぜ、とてもしあわせな気もちになったのでしょうか。「～から。」という文で書きましょう。

がまくん

かえるくん

(3) がまくんの気もちがかわったのはどこの文でしょうか。

1 きょうかしょから書きうつしましょう。

2 （れい）をさんこうに、その文をえらんだりゆうを書きましょう。

（れい）わたしは、「～」という文でがまくんの気もちがかわったと考えました。
なぜなら～だからです。

◎気もちのへんかについて考えることができました。

お手紙③

名前（　　　　）

音読げきにむけて、れんしゅうをしましょう。

(1) どのやくになって音読げきをするのか書きましょう。

(2) じぶんのやくで、くふうして音読するところを書きましょう。

会話文	どのような声で読むのか	どのようなうごきをつけるか

(3) つぎのことについて、音読げきのもくひょうをきめましょう。

声のくふう	
うごきのくふう	
そのほかのくふう	

(4) 音読げきのれんしゅうをしましょう。一回れんしゅうしたら、○を一つぬりましょう。

① ② ③ ④ ⑤ ⑥ ⑦ ⑧ ⑨ ⑩

わたしはおねえさん

いしい むつみ／作　くろい けん／絵

四時間計画

分析の視点
設定

準備物
特になし

指導計画

第一時　範読・音読
第二時　設定の読み取り（シート①）
第三時　「りっぱなこと」を考える（シート②）
第四時　感想文を書く（シート③）

各時間の指導略案（主な指示・発問・説明）

第二時

(1)シート①を配布し、吹き出しを読ませます
(2)「いつの話か」「どこの話か」「だれが出てくるか」をそれぞれ書かせます
(3)「すみれちゃんについて分かることをかじょう書きしなさい」
(4)発表させます
(5)「お話の中で、一番大切なことは何ですか」
(6)「グループで話し合いなさい」
(7)「グループで出された意見を発表しなさい」

第三時

(1)シート②を配布する
(2)「なぜ、すみれちゃんは立派なことをしたくなったのですか」
(3)「すみれちゃんがした立派なことを三つ書きなさい」
(4)発表させます
(5)「一番立派なことを一つ選びなさい」
(6)「理由を（れい）を参考に書きなさい」
(7)「グループで話し合いなさい」
(8)「グループで出された意見を発表しなさい」

第四時

(1)シート③を配布する
(2)「すみれちゃんと自分を比べて感想文を書きます」
(3)「自分がしたことのある立派なことを一つ書きなさい」
(4)発表させます
(5)「（れい）を参考に、感想文を書きなさい」
(6)「グループで発表しなさい」
グループ発表の前に、早く書き終わった児童を前に集めて、シートを交換させ、読み合わさせてもよいです（時間調整）

「解答モデル（解答例）」

シート①

(1)十月の日曜日の、気持ちのよく晴れた朝
(2)すみれちゃんの家（部屋、庭）
(3)すみれちゃん、かりんちゃん
(4)・元気な子
・やさしい子
・二年生の子
・ちょっぴりえらくてやさしくて、がんばる子
(5)ちょっぴりえらくてやさしくて、がんばる子

シート②

(1)おねえさんになったから
(2)・朝のうちにしゅくだいをすること
・コスモスに水をあげたこと
・かりんちゃんの絵をけすのをやめたこと
(3)かりんちゃんの絵をけすのをやめたこと
(4)わたしは、すみれちゃんがした一番りっぱなことは、かりんちゃんの絵をけすのをやめたことだと考えます。
なぜなら、しゅくだいのノートに絵をかいた妹をおこらず、とっておいたからです。

シート③

(1)おばあさんのにもつをもってあげたこと
(2)いつ
・学校のかえりみち
どこで
・おうだんほどう
だれに
・しらないおばあさん
どのように
・にもつをもってあげた
(3)『わたしはおねえさん』は、二年生になったすみれちゃんが、りっぱなことをするお話です。わたしは、とくにすみれちゃんが妹のかりんちゃんにしゅくだいのノートに絵をかかれてもおこらずに、絵をけさなかったことがりっぱだと思いました。
　わたしも、りっぱなことをしたけいけんがあります。それは、おばあさんのにもつをもってあげたことです。学校のかえりみちにしらないおばあさんが大きなにもつをもってあるいていました。とてもおもそうなので、家の近くまでにもつをもってあげました。
　わたしは、りっぱなことをするととても気もちがいいなと思いました。

わたしはおねえさん①

名前（　　　　）

『わたしはおねえさん』のせっていを考えましょう。

(1) いつのお話ですか。

(2) どこでおきている話ですか。

(3) とうじょうじんぶつは、だれですか。

(4) 「歌を作るのがすきな　すみれちゃんが～すみれちゃんは　そう思いました。」の間で、すみれちゃんはどんな子だと分かりますか。「～子。」という文で書きましょう。

・歌を作るのがすきな子。

(5) (4)で書いた中で、一ばん大切なのはなんですか。

◎『わたしはおねえさん』のせっていを考えることができました。

わたしはおねえさん②

名前（　　　　）

すみれちゃんがした「りっぱなこと」について考えましょう。

(1) なぜ、すみれちゃんは「りっぱなこと」をしたくなったのでしょうか。

(2) すみれちゃんがした「りっぱなこと」を三つ書きましょう。

(3) (2)で書いた中で、一番りっぱなことは何でしょうか。

(4) (3)のように考えたりゆうを（れい）をさんこうに書きましょう。

（れい）わたしは、すみれちゃんがした一番りっぱなことは、～だと考えます。なぜなら～だからです。

◎すみれちゃんがした「りっぱなこと」について考えることができました。

わたしはおねえさん③

名前（　　　　）

すみれちゃんと自分をくらべて、かんそう文を書きましょう。

(1) 自分がしたことがある「りっぱなこと」を一つ書きましょう。

(2) (1)で書いたことについて、くわしく書きましょう。

いつ	
どこで	
だれに	
どのように	

(3) （れい）をさんこうに、『わたしはおねえさん』のかんそう文を書きましょう。

（れい）

『わたしはおねえさん』は、二年生になったすみれちゃんが、りっぱなことをするお話です。わたしは、とくに～（シート②をさんこうに書く）がりっぱだと思いました。

わたしも、りっぱなことをしたけいけんがあります。それは～（(1)をさんこうに書く）です。～（そのことについて、(2)をさんこうにくわしく書く）。

わたしは、～と思いました。

◎すみれちゃんと自分をくらべて、かんそう文を書くことができました。

スーホの白い馬　六時間計画

おおつか　ゆうぞう／作　リー＝リーシアン／絵

分析の視点
登場人物
主役
クライマックス

準備物
画像　馬頭琴
遊牧民の暮らし

指導計画

第一時　範読・音読
第二時　登場人物、主役の検討（シート①）
第三時　場面分け（シート②）
第四時　人物の行動や心情を考える（シート③）
第五時　クライマックスの検討（シート④）
第六時　白馬が帰ってきたことはよかったのか考える（シート⑤）

各時間の指導略案（主な指示・発問・説明）

第二時
(1)シート①を配布する
(2)薄い文字をなぞらせ、登場人物を書かせます
(3)「主役は誰ですか」
(4)「理由を（れい）を参考に書きなさい」

第三時
(1)シート②を配布する
(2)「教科書、場面が変わるところに線を入れて区切りなさい」（第一場面で例示をする）
(3)発表させて、場面分けを確定します
(4)「それぞれの最初の一文を書き写しなさい」

第四時
(1)シート③を配布する
(2)「場面ごとの登場人物のしたことや言ったことを書き、その時の様子や気持ちを書きなさい」
(3)時間で区切り、グループで発表させます

第五時
(1)シート④を配布する
(2)「クライマックスはどの段落でしょうか」
(3)「理由を（れい）を参考に書きなさい」
(4)グループで話し合わせます
(5)「グループで出された意見を発表しなさい」

第六時
(1)シート⑤を配布する
(2)「スーホのもとに白馬が帰ってきたことは、スーホにとってよいことでしたか。よいことではなかったですか。」
(3)「理由を（れい）を参考に書きなさい」
(4)グループで話し合わせます
(5)「グループで出された意見を発表しなさい」

「解答モデル（解答例）」

シート①
(1)略
(2)スーホ、おばあさん、近くにすむひつじかいたち、白馬、とのさま、家来
(3)スーホ
(4)わたしは、『スーホの白い馬』のしゅやくはスーホだと考えます。
だい一に、題名にスーホと書いてあるからです。
だい二に、お話の中で一ばんせりふがおおいからです。
だい三に、お話のさいしょからとうじょうしているからです。
よって、わたしは、『スーホの白い馬』のしゅやくはスーホだと考えるのです。

シート②

ないよう	だんらく	さいしょの一文
スーホと白馬の出会い	⑦⑧⑨⑩⑪⑫	ある日のことでした。
白馬がひつじをまもる	⑬⑭⑮⑯	あるばんのこと、ねむっていたスーホは、はっと目をさましました。
白馬がとのさまにとりあげられる	⑰⑱⑲⑳㉑㉒㉓㉔㉕	ある年の春、草原いったいに、知らせがつたわってきました。
白馬がにげ出す	㉖㉗㉘㉙㉚㉛	すばらしい馬を手に入れたとのさまは、まったくいい気もちでした。
白馬が帰ってくる	㉜㉝㉞㉟㊱	そのばんのことです。
馬頭琴を作る	㊲㊳㊴㊵㊶	かなしさとくやしさで、スーホはいくばんもねむれませんでした。

シート③

白馬がひつじをまもる
①略
②白馬の体をなでながら話しかけた。
①スーホのだいじなひつじを守らないと。
②よくやってくれた。これからはずっといっしょだからあんしんして。

白馬がとのさまにとりあげられる
①スーホは、かっとなって、むちゅうでいいかえした。
②とのさまがどなり立て、家来たちが、いっせいに、スーホにとびかかった。
①馬をうりにきたんじゃない。
②わたしにさからうなんて。

152ページに続く

スーホの白い馬①

名前（　　　　）

とうじょうじんぶつとしゅやくについて考えましょう。

(1) とうじょうじんぶつとは、つぎのように考えられます。うすい文字をなぞりましょう。

とうじょうじんぶつとは、お話の中で、話したり、うごいたり、考えたりする人やどうぶつやもの。お話をげきにしたとき、やくがひつようになる。

(2) 『スーホの白い馬』のとうじょうじんぶつを書きましょう。

(3) 『スーホの白い馬』のしゅやくはだれでしょうか。

(4) (3)のように考えたりゆうを（れい）をさんこうに書きましょう。

（れい）わたしは、『スーホの白い馬』のしゅやくは〜だと考えます。
だい一に、〜（りゆうを書く）からです。
だい二に、〜（りゆうを書く）からです。
だい三に、〜（りゆうを書く）からです。
よって、わたしは、『スーホの白い馬』のしゅやくは〜だと考えるのです。

◎とうじょうじんぶつとしゅやくについて考えることができました。

スーホの白い馬②

名前（　　　　　）

『スーホの白い馬』をばめん分けしましょう。

書かれているないようを考えて、ばめん分けをしましょう。

1 ないようにあわせて、だんらくを書きましょう

2 さいしょの一文を書きうつしましょう。

ないよう	だんらく	さいしょの一文
スーホが白馬と出会う	⑦⑧⑨⑩⑪⑫	ある日のことでした。
白馬がひつじをまもる		
白馬がとのさまにとりあげられる		
白馬がにげ出す		
白馬が帰ってくる		
馬頭琴を作る		

◎ばめん分けについて考えることができました。

スーホの白い馬③

名前（　　　　）

ばめんごとに、とうじょうじんぶつのこうどうや、そのときのようすや気もちを書きましょう。

とうじょうじんぶつのしたことや、言ったことを書きましょう。また、そのときの、じんぶつのようすや気もちをそうぞうして書きましょう。うすい文字はなぞりましょう。

場めん	じんぶつのしたことや言ったこと	そのときの、じんぶつのようすや気もち
スーホが白馬と出会う	①スーホが小さな白馬をつれて帰った。 ②スーホが心をこめて白馬のせわをした。	①ほうっておいたらあぶないと思った。 ②元気になってほしいと、いっしょうけんめいせわをした。
白馬がひつじをまもる	①白馬がおおかみからひつじをまもった。 ②	① ②
白馬がとのさまにとりあげられる		
白馬がにげ出す		
白馬が帰ってくる		
馬頭琴を作る		

◎じんぶつのしたことや言ったこと、またそのときのようすや気もちを書くことができました。

スーホの白い馬④

名前（　　　　）

クライマックスについて考えましょう。

(1) クライマックスとはつぎのようなばめんです。うすい文字をなぞりましょう。

しゅやくの気もちやこうどうが、大きくへんかするばめん。

(2) クライマックスは何だんらくでしょうか。ばんごうを書きましょう。

□だんらく

(3) (2)のように考えたりゆうを（れい）をさんこうに書きましょう。

（れい）わたしは、『スーホの白い馬』のクライマックスは○だんらくだと考えます。

だい一に、～（りゆうを書く）からです。

だい二に、～（りゆうを書く）からです。

だい三に、～（りゆうを書く）からです。

よって、わたしは、『スーホの白い馬』のクライマックスは○だんらくだと考えるのです。

◎ものがたりのクライマックスについて考えることができました。

スーホの白い馬⑤

名前（　　　　　　）

白馬がスーホのもとに帰ってきたことについて考えましょう。

(1) 白馬がスーホのもとに帰ってきたことは、スーホにとってよいことでしたか。よいことではなかったですか。

帰ってきたことは

(2) (1)のように考えたりゆうを（れい）をさんこうに書きましょう。

（れい）わたしは、白馬がスーホのもとに帰ってきたことは～と考えます。
だい一に、～（りゆうを書く）からです。
だい二に、～（りゆうを書く）からです。
だい三に、～（りゆうを書く）からです。
よってわたしは、白馬がスーホのもとに帰ってきたことは～と考えるのです。

(3) 友だちのいけんを聞いて「なるほど」と思った考えを書きましょう。

◎白馬がスーホのもとに帰ってきたことについて考えることができました。

きつつきの商売

林原 玉枝／作 村上 康成／絵

四時間計画

分析の視点
登場人物
対比

準備物
画像 きつつき

指導計画

第一時 範読・音読
第二時 設定の読み取り（シート①）
第三時 場面の対比（シート②）
第四時 二の場面の商売の検討（シート③）

各時間の指導略案（主な指示・発問・説明）

第二時

(1)シート①を配布し、吹き出しを読ませます
(2)「きつつきはどんな鳥か調べなさい」
(3)「『きつつきの商売』はどこで起きた話ですか」
(4)「お店の名前はなんですか」
(5)「薄い文字をなぞり、登場人物を場面ごとにまとめなさい」
(6)「野ねずみの家族は何人ですか」
(7)「きつつきの開いたお店はどんな商売をするのですか」

第三時

(1)シート②を配布する
(2)「場面ごとに、きつつきが聞かせた音についてまとめなさい」
(3)「一の場面と二の場面の音を比べて、違いを表にまとめなさい」
(4)「グループで意見を交流しなさい」
(5)「（全体の場で）発表しなさい」

第四時

(1)シート③を配布する
(2)「二の場面で聞かせた音について、分かることをかじょう書きしなさい」
(3)「グループで発表しなさい」
(4)「二の場面できつつきは商売をしていると言えるでしょうか。（れい）を参考に書きなさい」
(5)「グループで話し合いなさい」
(6)「グループの話し合いの中で出された意見を発表しなさい」

「解答モデル（解答例）」

シート①

(1)森林に生息し、毎秒二十回ほど木をつついて、中にいる虫を捕食する。
(2)森　ぶなの森
(3)おとや
(4)略
(5)1きつつき　野うさぎ
2きつつき　野ねずみの家族
（野ねずみ　母さんねずみ　子ねずみ）
(6)十二
(7)できたての音、すてきないい音を聞かせる。四分音符一こについて、百リルもらう。

シート②

(1)1
・ぶなの音
・コーン
・百リル
・きつつきを見上げたまま、だまって聞いていた
2
・雨の音
・シャバシャバシャ　パシパシピチピチ
パリパリパリ　ドウドウドウ
ザワザワザワ
・ただ
・にこにこうなずいて、それから、目を開けたりとじたりしながら、ずぅっとずぅっと、とくべつメニューの音につつまれていた。
(2)一つの音⇔いろんな音　百リル⇔ただ
コーン⇔シャバシャバシャバ　きつつきが作った音⇔自然の音　いつでも作れる音⇔今日だけの特別な音　など

シート③

(1)・おとやの新しいメニュー
・たくさんの音
・この日だけの特別メニュー
・雨の音
・ただ
・自然の中の音　など
(2)わたしは、二の場面できつつきは、商売をしていないと考える。なぜなら、きつつきが作った音ではないし、お金ももらっていないからだ。

百文字限定　通知表所見例

①『きつつきの商売』の学習で、一の場面と二の場面できつつきが出した音の違いを考えました。「一の場面ではきつつきが音を作ったけれど、二の場面では自然の音を聞かせた」と発表し、的確に違いを読み取ることができました。

きつつきの商売①

名前（　　　　）

『きつつきの商売』のせっていを読みとりましょう。

(1) きつつきはどんな鳥か、しらべましょう。

(2) 『きつつきの商売』はどこで起きた話ですか。

(3) きつつきが開いたお店の名前は何ですか。

「せってい」は、作品の「時」「人」「ばしょ」のことをいいます。今回は、どこで起きた話か、登場人物はだれかを考えましょう。

(4) 登場人物は次のように考えます。うすい文字をなぞりましょう。

登場人物とは、話の中で話したり、うごいたり、考えたりする人やどうぶつやもの。話をげきにしたとき、やくがひつようになる。

(5) 場面ごとに登場人物を書きましょう。

	登場人物
一	
二	

(6) 二の場面、野ねずみの家族は何匹でしょうか。

　　匹

(7) きつつきが開いたお店は、どんな商売をするのですか。

◎『きつつきの商売』のせっていを読みとることができました。

きつつきの商売②

名前（　　　　　　）

きつつきが聞かせた音について考えましょう。

(1) 場面ごとに「きつつきが聞かせた音」についてまとめましょう。

	何の音	聞かせた音	ねだん	音を聞いた動物のようす
一				
二				

(2) 一の場面と二の場面の音をくらべて、ちがいを書きましょう。うすい文字はなぞりましょう。

一	一つの音
二	いろんな音

◎きつつきが聞かせた音について、考えることができました。

きつつきの商売③

名前（　　　　　　）

二の場面のきつつきの商売について考えましょう。

(1) 二の場面できつつきが聞かせた音について、分かることをかじょう書きしましょう。うすい文字はなぞりましょう。

・おとやの新しいメニュー

(2) 二の場面で、きつつきは商売をしているといえるでしょうか。（れい）をさんこうに書きましょう。

（れい）わたしは、二の場面できつつきは、商売を（している／していない）と考える。

なぜなら、～（りゆうを書く）だ。

◎二の場面のきつつきの商売について考えることができました。

まいごのかぎ

斉藤　倫／作　陣崎　草子／絵

六時間計画

分析の視点　主役の変化

準備物　特になし

指導計画

第一時　範読・音読、意味調べ（ノート）
第二時　場面ごとに内容をまとめる（シート①）
第三時　主人公の変化を考える（シート②）
第四時　まいごのかぎの意味を考える（シート③）
第五時　かぎをさしたい場所を考える（シート④）
第六時　感想文を書く（シート⑤）

各時間の指導略案（主な指示・発問・説明）

第二時

(1)シート①を配布する
(2)「場面ごとに、三つの内容についてまとめなさい。薄い文字はなぞりなさい」
(3)第二場面を書き終わった児童に発表させます
(4)すべて書き終わった児童に発表させます

第三時

(1)シート②を配布する
(2)「りいこの考え方の変化を書きなさい」
(3)「一番影響を与えたのはどの出来事でしょうか」
(4)「理由を書きなさい」
(5)「グループで話し合いなさい」

第四時

(1)シート③を配布する
(2)「かぎをさしたことにより、どうなったのか書きなさい」
(3)「共通点を書きなさい」
(4)「かぎに名前を付けなさい」
(5)「グループで発表しなさい」

第五時

(1)シート④を配布する
(2)「前回の学習で付けたかぎの名前を書きなさい」
(3)「どこにさしたいか、またどんなことがおこるのか書きなさい」
(4)「一つ決めて、何が起こるのか書きなさい」
(5)「グループで発表しなさい」

第六時

(1)シート⑤を配布する
(2)「かぎをさしてみたいところを書きなさい」
(3)「文の書き方に従って、感想文を書きなさい」
(4)「書き終わった人同士集まって、読み合いなさい」

「解答モデル（解答例）」

シート①

(1)一略
二木がぶるっとふるえて、つぼみがついてふくらみ、どんぐりをふらせた。

悲鳴をあげる。あわててかぎをぬいた。

三緑色のベンチの手すりにかぎをさした。

ベンチは、のそのそと歩き出し、公園のまん中の日だまりにねそべった。

びっくりして見ていたが、しのびよるとかぎをぬきとった。

ためいきを一つついて公園を後にした。

四あじの開きにかぎをさした。

あじの開きは、小さなかもめみたいに、はばたきはじめ、ふわふわとうかび上がった。

あわててとびつき、かぎを引きぬいた。

悲しくなった。

五前半　バスていのかんばんにかぎをさした。

数字が、ありのように、ぞろぞろ動き出した。

目をかがやかせた。でも、すぐに、わくわくした自分がいやになった。

五後半　バスが十何台も、おだんごみたいにぎゅうぎゅうになって、やって来た。

かぎをぎゅっとにぎりしめて、立ちすくんでしまった。目をぱちぱちしながら、そのダンスに見とれていた。はっと気づいたのである。

シート②

(1)はじめ　びっくりした(よけいなことをした)
おわり　うれしくなった。
(2)④バスの時こく表にかぎをさしたこと。
(3)バスが楽しそうにダンスしているように見えたから。

シート③

(1)緑のベンチ　四本の足をのばし、大きな犬のようにせなかをそらした。公園のまん中の日だまりにねそべり、ねいきを立てはじめた。
あじの開き　小さなかもめみたいに、はばたきはじめて、目の前でうかび上がった。
バスていのかんばん　時こく表の数字がぞろぞろと動き、バスが十何台もやって来た。
(2)かぎをさすことによって、そのものがしたいことを叶えるように動き出す。
(3)命をふきこむ。

152ページに続く

まいごのかぎ①

名前（　　　　　）

場面ごとに書かれていることをまとめましょう。

場面ごとに「りいこがしたよけいなこと」「何がおきたのか」「その時のりいこの気もちや様子が分かる言葉や文」を書きましょう。うすい文字はなぞりましょう。

場面	一	二	三	四	五 前半	五 後半
よけいなこと	こうしゃの絵の手前に、かわいいうさぎをつけ足した。	さくらの木にかぎをさした。				
何がおきたのか	友だちが、くすくすわらった。					
りいこの様子や気持ち	・はずかしくなって ・白い絵の具をぬって、うさぎをけしました。					

◎場面ごとに書かれていることをまとめることができました。

まいごのかぎ②

名前（　　　　）

りいこのへんかを考えましょう。

(1) ふしぎな出来事にたいするりいこの考え方は、はじめとおわりでどのようにへんかしましたか。

はじめ

おわり

(2) りいこの考え方のへんかに一番えいきょうをあたえたのはどの出来事でしょうか。えらんで書きましょう。

① さくらの木にかぎをさしたこと
② ベンチにかぎをさしたこと
③ あじの開きにかぎをさしたこと
④ バスの時こく表にかぎをさしたこと

番号

(3) なぜその出来事をえらんだのか、理由を書きましょう。

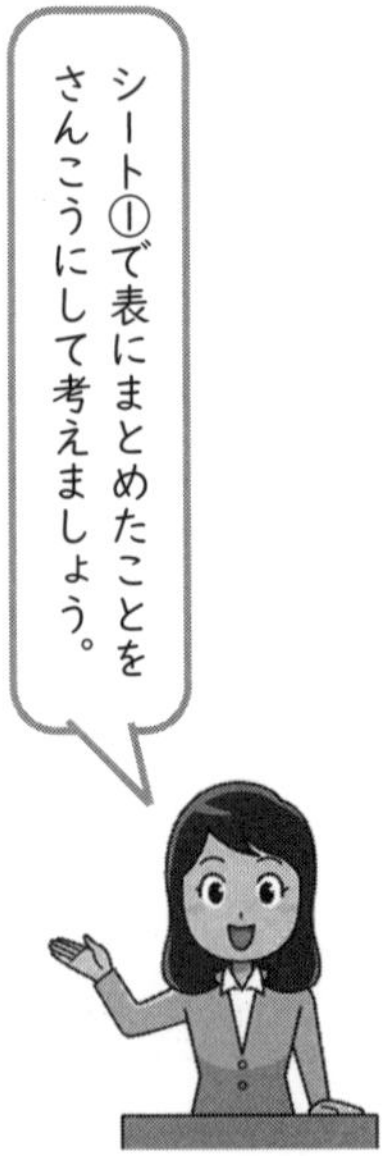

◎りいこのへんかを考えることができました。

まいごのかぎ③

名前（　　　　　　　　　　）

「まいごのかぎ」がもつ意味を考えましょう。

(1) かぎをさしたことによってどうなったのか、ふりかえりましょう。

どこにかぎをさしたか	何がおきたのか
さくらの木	えだの先に、みるみるたくさんのつぼみがついて、ふくらんだ後、どんぐりがふってきた。

(2) 右の四つの出来事にきょうつうすることを考え、かぎをさすことによって、どうなるのか書きましょう。

かぎをさすことによって、

(3) (2)で考えたことをもとに、かぎに名前を付けましょう。「〜かぎ」という書き方で書きましょう。

（　　　　　　　　）かぎ

◎「まいごのかぎ」がもつ意味を考えることができました。

まいごのかぎ④

名前（　　　　）

かぎをさしたい場所と何がおきるかを考えましょう。

前回の学習でつけた名前

（　　　　）かぎ

(1) あなたが「まいごのかぎ」をひろったら、どこにさしてみたいですか。また、何がおきるでしょうか。（れい）をさんこうにいくつか書きましょう。

どこにかぎをさすのか	何がおきるのか
（れい）自転車	水の上を自由に走りだす

(2) かぎをさしてみたいところを一つ決めて、書きましょう。

(3) 「何がおきるのか」をくわしく書きましょう。

今日考えたことをもとに、次回は感想文を書きましょう。

◎どこにかぎをさしてみたいか、また何がおきるのかを考えることができました。

まいごのかぎ⑤

名前（　　　　　　　）

学習したことをもとに、感想文を書きましょう。

前回の学習で決めた、かぎをさしてみたい場所

どこにかぎをさすのか	何がおきるのか

次の文の書き方にしたがって『まいごのかぎ』の感想文を書きましょう。

『まいごのかぎ』は、りいこがいろいろなところにかぎをさすことによって、ふしぎなことがおこる話です。

たとえば～（れい　ベンチ）が～（れい　のそのそと歩き出し、公園のまん中の日だまりにねそべり、ねいきを立てはじめ）ます。わたしはこのかぎに、～（れい　自由のかぎ）という名前を付けました。

わたしがこのかぎを手に入れたら～（れい　自転車）にさしたいです。

きっと（れい　自転車）は～（れい　水の上を走りだす）と思います。

わたしは～（れい　こんなかぎが本当にあったら楽しいと）思います。

◎学習したことをもとにして、感想文を書くことができました。

ちいちゃんのかげおくり　六時間計画

あまん　きみこ／作　上野　紀子／絵

分析の視点	準備物
要約	画像　防空壕　ざつのうなど

指導計画

第一時　範読・音読
第二時　意味調べなど（シート①）
第三時　場面ごとの要約（シート②）
第四時　第一場面と第四場面の比較（シート③）
第五時　第五場面の役割の検討（シート④）
第六時　感じたことをまとめる（シート⑤）

各時間の指導略案（主な指示・発問・説明）

第二時

(1)シート①を配布する
(2)「意味調べをしなさい」
(3)「辞書を作る人になったつもりで、意味を書きなさい」
(4)「意味を書き、違いを考えなさい」

第三時

(1)シート②を配布する
(2)「第一場面で重要な言葉、三つに線を引きなさい」
(3)発表させ、確定します。同様に、ほかの場面もキーワードを確定していきます
(4)「キーワードを書き写しなさい」
(5)「条件に従って、内容を短くまとめなさい」

第四時

(1)シート③を配布する
(2)「第一場面と第四場面のかげおくりについて、分かることをかじょう書きしなさい」
(3)「同じところと違うところを書きなさい」
(4)「一番重要な違いを書きなさい」

第五時

(1)シート④を配布する
(2)「第五場面の町の様子の変化をかじょう書きしなさい」
(3)「第四、第五場面で似ている表現を探しなさい」
(4)「第五場面があるのとないのとではどう違うでしょうか」
(5)「グループで話し合いなさい」

第六時

(1)シート⑤を配布する
(2)「どんな話だと思うか、短く書きなさい」
(3)「（れい）を参考に理由を書きなさい」
(4)「グループで発表しなさい」

「解答モデル（解答例）」

シート①

(1)略
(2)青　空の色
やくそく　他の人とこれからすることを決めること
かげおくり　空にかげをおくる遊び
(3)言う　言葉で表す　話す
つぶやく　小さい声で、独り言を言う
たずねる　聞く　質問する
見る　目を向ける　ながめる　見学する
見つめる　一つのものをいつまでも見る
目を落とす　下を向く　うつむく

シート②

(1)
一かげおくり・記念写真・ちいちゃん
二はぐれる・ひとりぼっち・ちいちゃん
三ぼうくうごう・ねむり・ちいちゃん
四空色の花ばたけ・命・ちいちゃん

(2)
一家族四人で記念写真のかげおくりをするちいちゃん。
二お母さん、お兄ちゃんとはぐれ、ひとりぼっちになるちいちゃん。
三家をなくし、一人ぼうくうごうの中でねむるちいちゃん。
四命をなくし、空色の花ばたけで家族と再会するちいちゃん。

シート③

(1)第一場面
・家族四人でかげぼうしを作って、大きな記念写真にしている。
・お父さんがいくさに行き、お兄ちゃんと二人でかげおくりをして遊ぶようになった。
・いくさがはげしくなり、かげおくりができなくなった。
第四場面
・ちいちゃんが一人でかげおくりしている。
・おかあさんとお兄ちゃんの声もふってきて、かさなった。
・白いかげが四つできた。

(2)同じところ
・四つのかげが空にできた
・一から十まで数えていること、など
ちがうところ
・第一場面では、家族でかげおくりをしたが、第四場面ではちいちゃん一人でした
・声が重なる順番
・第四場面では、かげおくりをした後、ちいちゃんが命をなくしている　など

(3)ちいちゃんが命をなくしていること

152ページに続く

ちいちゃんのかげおくり①

名前（　　　　　　）

『ちいちゃんのかげおくり』に出てくる言葉について考えましょう。

(1) 言葉の意味調べをしましょう。

言葉	意味
先祖	
かげぼうし	

(2) 辞書をつくる人になったつもりで、次の言葉の意味を書きましょう。

青	
やくそく	
かげおくり	

(3) 次の言葉について、それぞれの意味を書き、ちがいを考えましょう。

「言う」「つぶやく」「たずねる」

「言う」	
「つぶやく」	
「たずねる」	

「見る」「見つめる」「目を落とす」

「見る」	
「見つめる」	
「目を落とす」	

◎『ちいちゃんのかげおくり』に出てくる言葉について考えることができました。

ちいちゃんのかげおくり②

名前（　　　　　）

第一場面から第四場面の内容を短くまとめましょう。

(1) 第一場面から第四場面で大切な言葉（キーワード）を三つずつ書きましょう。

一	二	三	四

(2) それぞれの場面を次のじょうけんで、短くまとめましょう。

・文字数は「、」「。」もふくめ、三十文字以内とします

・文の最後は「～ちいちゃん。」とします

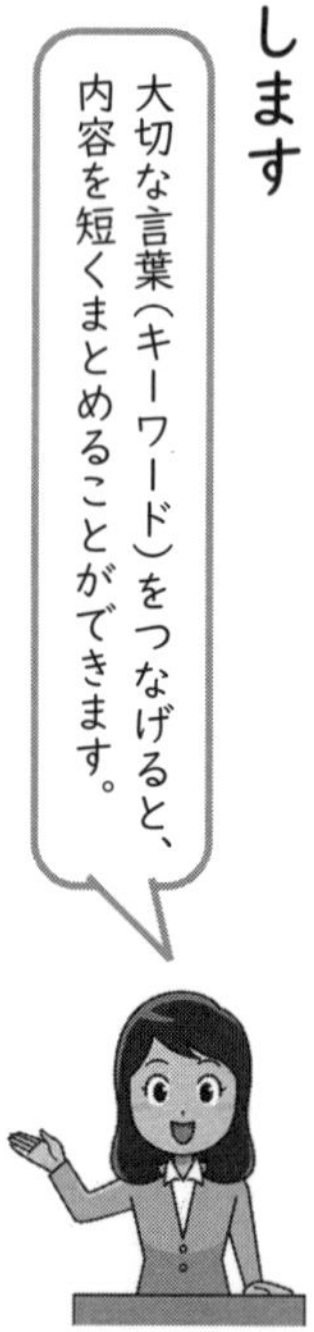

一	二	三	四

◎場面ごとに内容を短くまとめることができました。

ちいちゃんのかげおくり③

名前（　　　　　　）

第一場面と第四場面のかげおくりについて考えましょう。

(1) 第一場面と第四場面のかげおくりについて、分かることをかじょう書きで表に書きましょう。うすい文字はなぞりましょう。

第一場面	・お父さんに教えてもらった。
第四場面	・お父さんの声が、青い空からふってきた。

(2) 第一場面と第四場面のかげおくりについて、同じところとちがうところを書きましょう。

同じところ

ちがうところ

(3) ちがうところの中で、話の中で一番大切なちがいはなんでしょうか。

◎第一場面と第四場面のかげおくりについて考えることができました。

ちいちゃんのかげおくり④

名前（　　　　）

第五場面に書かれている様子を読み取り、物語の中でのやくわりを考えましょう。

(1) 第五場面では、町の様子はどのようにかわりましたか。かじょう書きしましょう。うすい文字はなぞりましょう。

・前よりもいっぱい家がたっている。

(2) なぜ町はこのように変わったのでしょうか。

(3) 第四場面と第五場面にはにている表現があります。それぞれ十二文字で書きましょう。

四

五

(4) 第五場面があるのとないのとでは、どうちがうでしょうか。(1)~(3)で書いたことをもとに考え、書きましょう。

◎第五場面に書かれている様子を読み取り、物語の中でのやくわりを考えることができました。

ちいちゃんのかげおくり⑤

名前（　　　　）

『ちいちゃんのかげおくり』について感じたことを書きましょう。

(1) 『ちいちゃんのかげおくり』はどんな話だと考えますか。「切ない」「温かい」など短い言葉で書きましょう。

（　　　　　）話

(2) (1)のように考えた理由を、（れい）をさんこうに書きましょう。

（れい）わたしは、『ちいちゃんのかげおくり』は～話だと考える。

なぜか。

第一に、～（理由を書く）からだ。

第二に、～（理由を書く）からだ。

第三に、～（理由を書く）からだ。

このような理由から、わたしは、『ちいちゃんのかげおくり』は～話だと考えるのである。

◎『ちいちゃんのかげおくり』について感じたことが書けました。

三年とうげ

李錦玉／作　朴民宣／絵

六時間計画

分析の視点
設定　要約
主題

準備物
画像　ふでりんどう
がまずみなど

指導計画

第一時　範読・音読、意味調べ
第二時　設定の読み取り（シート①）
第三時　場面要約（シート②）
第四時　主役の変化、主題の検討（シート③）
第五時　「三年とうげ」の紹介文を書く（シート④）
第六時　民話や昔話の紹介文を書く（シート⑤）

各時間の指導略案（主な指示・発問・説明）

第二時

(1)シート①を配布する
(2)「『三年とうげ』について分かることをかじょう書きしなさい」
(3)「言い伝えを書き写しなさい」
(4)「登場人物をすべて書きなさい」

第三時

(1)シート②を配布する
(2)「二の場面で大切な言葉を三つ選び、線を引きなさい」
（教科書に引かせる）
(3)発表させ、キーワードを確定させます
(4)その他の場面も同様に線を引かせます
(5)「キーワードをシートに書き写しなさい」
(6)「条件に沿って場面の内容を短くまとめなさい」

第四時

(1)シート③を配布する
(2)「おじいさんの変化を書きなさい」
(3)薄い文字をなぞらせます
(4)「主題は何ですか。理由も書きなさい」

第五時

(1)シート④を配布する
(2)「『三年とうげ』の話を短くまとめなさい」
(3)教科書に線を引かせ、一番面白いところを選ばせます
(4)「（れい）を参考に、紹介文を書きなさい」
(5)早く書き終わった児童同士で交流させます

第六時

(1)シート⑤を配布する（本は事前に選ばせておく）
(2)浦島太郎の例文を読ませます
(3)「（れい）を参考に、民話や昔話の紹介文を書きなさい」
(4)早く書き終わった児童同士で交流させます

「解答モデル（解答例）」

シート①

・春には、すみれ、たんぽぽ、ふでりんどうが、とうげからふもとまでさきみだれた
・れんげつつじのさくころは、だれだってため息の出るほど、よいながめだった
・秋には、かえで、がまずみ、ぬるでの葉が、とうげからふもとまで美しく色づいた。
・白いすすきの光るころは、だれだってため息の出るほど、よいながめだった
・昔からの言い伝えがあった

(2)「三年とうげで　転ぶでない。
三年とうげで　転んだならば、
三年きりしか　生きられぬ。
長生きしたけりゃ　転ぶでないぞ。
三年とうげで　転んだならば、
長生きしたくも　生きられぬ」

(3)おじいさん・おばあさん・お医者・村の人たち・水車屋のトルトリ

シート②

(1)
二　三年とうげ・転んで・おじいさん
三　トルトリ・もう一度転ぶんだよ・おじいさん
四　わざと・長生き・おじいさん

2
二　三年とうげで転んでしまい、病気になったおじいさん。
三　トルトリに「もう一度転ぶんだよ」と言われたおじいさん。
四　三年とうげでわざと転び、元気になって長生きしたおじいさん。

シート③

(1)はじめ　三年とうげで転び、病気になったおじいさん
おわり　三年とうげでわざと転び、病気がなおった
おじいさんをかえたもの（こと）
トルトリの話
(2)略
(3)略
(4)気持ちが大切
(5)わたしは、『三年とうげ』の主題は「気持ちが大切」だと考える。なぜなら、三年とうげで転んだおじいさんは、古い言い伝えを良い方に考えて長生きをしたからだ。

シート④

(1)おじいさんが三年とうげで何度も転び、長生きした話。
(2)略
(3)七十五ページ十行目から七十五ページ十二行目「もう、わしの病気はなおった。〜わらいました。」

153ページに続く

三年とうげ①

名前（　　　　　　　　　　）

『三年とうげ』のせっていを読み取りましょう。

(1) 「三年とうげ」はどんな場所でしょうか。かじょう書きで書きましょう。うすい文字はなぞりましょう。

・あまり高くない、なだらかなとうげ

(2) 「三年とうげ」に昔からあった言い伝えを書き写しましょう。うすい文字はなぞりましょう。

「三年とうげで　転ぶでない。

(3) 『三年とうげ』に出てくる登場人物をすべて書きましょう。

◎『三年とうげ』のせっていを読み取ることができました。

三年とうげ②

名前（　　　）

二、三、四場面のないようを短くまとめましょう。

(1) 二、三、四場面で大切な言葉（キーワード）を三つずつ書きましょう。

二

三

四

(2) 二、三、四場面を次のじょうけんで、短くまとめましょう。

・文字数は「、」「。」もふくめ、三十文字以内とします

・文の最後は、「～おじいさん。」とします

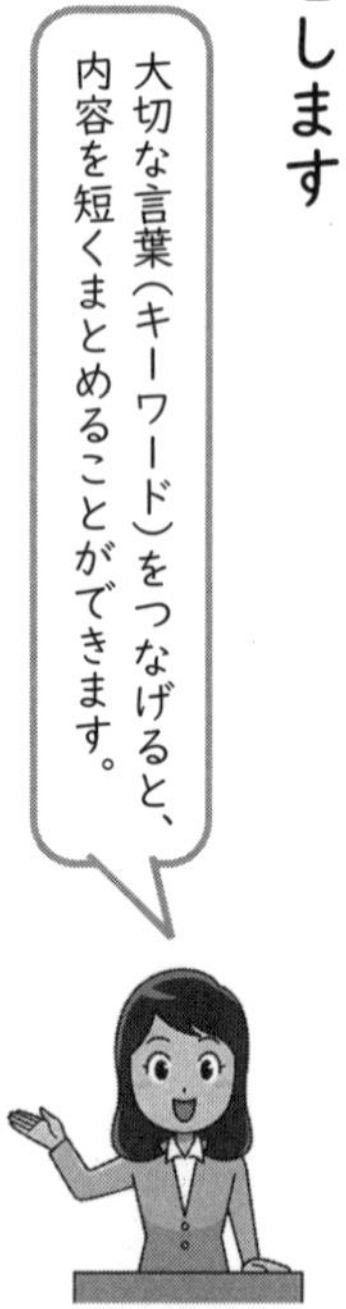

二	三	四

◎場面ごとにないようを短くまとめることができました。

三年とうげ③

名前（　　　　　　　　）

おじいさんのへんかを読み取り、主題を考えましょう。

(1) おじいさんは、はじめとおわりでどのようにかわりましたか。また、おじいさんをかえたもの（こと）は何でしょうか。

はじめ

おわり

おじいさんをかえたもの（こと）

(2) 主題について知りましょう。うすい文字をなぞりましょう。

主題

作品を通して伝えたいことは、主役のへんかから考えられることが多い。

(3) 主題は次のように考えられます。うすい文字をなぞりましょう。

うらしま太郎	やくそくは守らなければならない。
おおきなかぶ	きょう力すれば、物事をたっせいできる。

(4) 『三年とうげ』の主題を(1)で書いたことをさんこうに考えましょう。

(5) (4)のように考えた理由を書きましょう。うすい文字はなぞりましょう。

わたしは、『三年とうげ』の主題は「　　　」だと考える。なぜなら、

三年とうげ④

名前（　　　　　　）

『三年とうげ』でおもしろいと思ったところをしょうかいする文章を書きましょう。

(1) 『三年とうげ』はどんな話でしたか。三十文字以内で書きましょう。

(2) 『三年とうげ』で、おもしろいと思ったところに線を引きましょう。五か所ぐらい引きましょう。

(3) ②で線を引いた中で、一番おもしろいと思うところを書きましょう。長い文章なら、とちゅうを「三年とうげで転ぶでない。三年～生きられぬ。」というように、しょうりゃくして書きましょう。

ページ　　行目から　　ページ　　行目

(4) （れい）をさんこうに、おもしろいと思ったところをしょうかいする文章を書きましょう。

（れい）『三年とうげ』は～（(1)をさんこうに書く）話です。私が一番おもしろいと思ったところは、〇ページ〇行目から、〇ページ〇行目の「　　」というところです。なぜなら～だからです。

◎『三年とうげ』でおもしろいと思ったところをしょうかいする文章が書けました。

三年とうげ⑤

名前（　　　　）

民話や昔話をしょうかいする文章を書きましょう。

（れい）をさんこうに、しょうかいする文章を書きましょう。

（れい）

しょうかいする話を書きます。

話の内容を短く書きます。

一番おもしろかったところと、思ったことを書きます。

よびかける文を書きます。

わたしがしょうかいするお話は、『うらしまたろう』です。

うらしまたろうが、たすけたかめに連れられて、りゅうぐうじょうに行くお話です。

わたしが一番おもしろいと思ったところは玉手ばこを開けてはいけないというやくそくをやぶったうらしまたろうが、おじいさんになってしまうところです。やくそくは守らなくてはいけないなと思いました。

みなさんも、ぜひ読んでみてください。

しょうかいする民話や昔話

しょうかいする話を書きます。

話の内容を短く書きます。

一番おもしろかったところと、思ったことを書きます。

よびかける文を書きます。

◎民話や昔話をしょうかいする文章が書けました。

モチモチの木

斎藤　隆介／作　滝平　二郎／絵

六時間計画

分析の視点
クライマックス
主役の変化

準備物
特になし

指導計画

第一時　範読・音読、意味調べ（ノート）
第二時　豆太とじさまの人物像を考える（シート①）
第三時　二つの場面の豆太の違いの検討（シート②）
第四時　クライマックスの検討（シート③）
第五時　豆太の変化の検討（シート④）
第六時　「豆太は見た」のじさまについて考える（シート⑤）

各時間の指導略案（主な指示・発問・説明）

第二時
(1)シート①を配布する
(2)「『おくびょう豆太』における、豆太の行動や会話をなぞりなさい」
(3)同様に他の枠にも書かせます
(4)「豆太とじさまはどんな人物でしょうか」

第三時
(1)シート②を配布する
(2)「『霜月二十日のばん』の豆太について分かることを枠内に書きなさい」
(3)同様に「豆太は見た」の場面も書かせます
(4)「二つの場面における豆太の違いを書きなさい」

第四時
(1)シート③を配布する
(2)「クライマックスはどの場面でしょうか」
(3)「豆太の気持ちが変わった一文を書きなさい」
(4)「理由を（れい）を参考に書きなさい」
(5)「グループで話し合いなさい」

第五時
(1)シート④を配布する
(2)「シート②設問(2)で書いたことを写しなさい」
(3)「豆太は勇気のある子になれたのでしょうか。（れい）を参考に書きなさい」
(4)グループで話し合いなさい

第六時
(1)シート⑤を配布する
(2)「じさまの言葉を書き写しなさい」
(3)「じさまの様子を二つ書き写しなさい」
(4)「じさまの腹痛は本当かうそか、（れい）を参考に書きなさい」
(5)「グループで話し合いなさい」

「解答モデル（解答例）」

シート①
(1)**「おくびょう豆太」**
・夜中に、一人でせっちんに行けない
・「しょんべんか」とすぐ目をさましてくれる
「やい、木ぃ」
・「やい、木ぃ、モチモチの木ぃ、実ぃ落とせぇ。」
・しゃがんだひざの中に豆太をかかえて、しょんべんをさせている。
「霜月二十日のばん」
・「ーそれじゃあ、おらは、とってもだめだー。」
・豆太にモチモチの木に灯がともることを話している。
「豆太は見た」
・「医者様をよばなくっちゃ」
・「ま、豆太、心配すんな。〜。」
「弱虫でも、やさしけりゃ」
・じさまが元気になると、しょんべんにじさまを起こした
・「おまえは、山の神様の祭りを〜。」
(2)**豆太**　おくびょう　いざという時勇気が出る　など
じさま　優しい　豆太を心配している　など

シート②
「霜月二十日のばん」
・灯のともったモチモチの木は自分には見られないと思っている
・モチモチの木に灯がともるのを見たいと思っている　など
「豆太は見た」
・医者様をよぶためにふもとの村に走った
・灯がついたモチモチの木を見た　など
(2)「霜月二十日のばん」の豆太はおくびょうだが、「豆太は見た」の豆太は勇気がある。
(3)じさまがはらいたを起こしたこと

シート③
(1)略
(2)四　豆太は見た
(3)「医者様をよばなくっちゃ。」
「モチモチの木に、灯がついている。」など
(4)わたしは、百二十八ページ七行目の「医者様をよばなくっちゃ。」という文で、豆太の気持ちがかわったと考える。なぜか。第一に、その文から勇気を出したと考えるからだ。第二に、一人で医者を呼びに行くことを決めたからだ。第三に、そこから外にとびだして、走り始めたからだ。以下略

153ページに続く

モチモチの木①

名前（　　　　　　　）

豆太とじさまはどんな人物か考えましょう。

(1) 二人の行動や様子、会話を表に書きましょう。うすい文字はなぞりましょう。

場面	おくびょう豆太	やい、木ぃ	霜月二十日のばん	豆太は見た	弱虫でも、やさしけりゃ
豆太	・夜中に、一人でせっちんに行けない。				
じさま	・「しょんべんか」とすぐ目をさましてくれる。				

(2) 表を見て、豆太とじさまはどんな人物と考えられますか。

豆太

じさま

◎豆太とじさまがどんな人物か考えることができました。

モチモチの木②

名前（　　　　）

二つの場面の豆太のちがいについて考えましょう。

(1)「霜月二十日のばん」と「豆太は見た」の場面において、豆太についてわかることを書きましょう。うすい文字はなぞりましょう。

霜月二十日のばん	豆太は見た
・灯のともったモチモチの木は自分には見られないと思っている。	・医者様をよぶためにふもとの村に走った。

(2)二つの場面の豆太はどのようにちがうでしょうか。（れい）をさんこうに書きましょう。

（れい）「霜月二十日のばん」の豆太は～だが、「豆太は見た」の豆太は～。

(3)豆太をかえたもの（こと）はなんでしょうか。

◎二つの場面の豆太のちがいについて考えることができました。

モチモチの木③

名前（　　　　　　）

お話のクライマックスについて考えましょう。

(1)クライマックスは次のように考えられます。うすい文字をなぞりましょう。

登場人物の気持ちや、行動、身の上が大きくかわる場面。

(2)クライマックスはどの場面でしょうか。

一　おくびょう豆太
二　やい、木ぃ
三　霜月二十日のばん
四　豆太は見た
五　弱虫でも、やさしけりゃ

番号

見出しを書き写しましょう。

(3)クライマックスの場面の中で、豆太の気持ちがかわった一文を書きましょう。

(4)その一文をえらんだ理由を（れい）をさんこうに書きましょう。

（れい）わたしは、○ページ○行目の「　　　　」という文で、豆太の気持ちがかわったと考える。

なぜか。

第一に～からだ。

第二に～からだ。

第三に～からだ。

よって、わたしは、○ページ○行目の「　　　　」という文で、豆太の気持ちがかわったと考えるのである。

◎クライマックスについて考えることができました。

モチモチの木④

名前（　　　　　　　　）

豆太のへんかについて考えましょう。

(1)豆太のへんかについて、シート②問題(2)で書いたことを書きましょう。

(2)豆太は勇気《ゆうき》のある子になれたのでしょうか。あなたの考えを、（れい）をさんこうに書きましょう。

（れい）わたしは、豆太は勇気のある子に（なれた／なれていない）と考える。
なぜか。
第一に、○ページ○行目に～と書かれている。つまり、～ということだ。
第二に、○ページ○行目に～と書かれている。つまり、～ということだ。
第三に、○ページ○行目に～と書かれている。つまり、～ということだ。
よって、わたしは、豆太は勇気のある子に（なれた／なれていない）
と考えるのである。

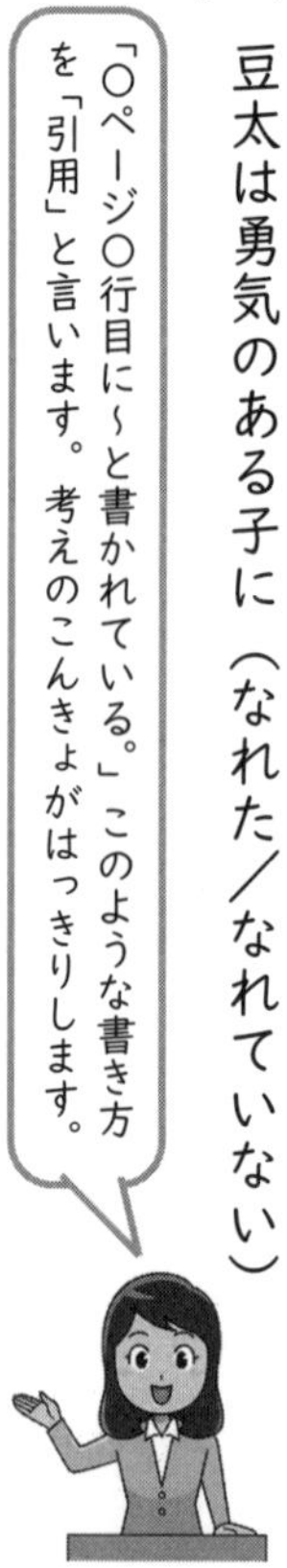

◎豆太のへんかについて考えることができました。

モチモチの木⑤

名前（　　　　　　）

「豆太は見た」の場面におけるじさまについて考えましょう。

(1) じさまの言葉を書き写しましょう。うすい文字はなぞりましょう。

「ま、豆太、心配すんな。じさまは、

(2) じさまの様子を、二つ、かじょう書きしましょう。うすい文字はなぞりましょう。

・まくら元で、

・ころりとたたみに転げると、

(3) じさまのはらいたは、本当の事だったのでしょうか。それともうそだったのでしょうか。あなたの考えを（れい）をさんこうに書きましょう。

（れい）わたしは、じさまのはらいたは、（本当の事だった／うそだった）と考える。
なぜか。
第一に、～からだ。
第二に、～からだ。
第三に、～からだ。
よって、わたしは、じさまのはらいたは、（本当の事だった／うそだった）と
考えるのである。

◎『豆太は見た』の場面におけるじさまについて考えることができました。

白いぼうし

あまん　きみこ／作　こころ　美保子／絵

六時間計画

分析の視点
登場人物・主役
不思議な世界への入り口と出口

準備物
夏みかん
（香りをかがせるため）

指導計画

第一時　範読・音読、意味調べ
第二時　登場人物と主役を考える（シート①）
第三時　不思議な世界への入り口と出口の検討（シート②）
第四時　不思議に思ったことを話し合う（シート③）
第五時　物語の設定を考える（シート④）
第六時　ファンタジーの物語を書く（シート⑤）

各時間の指導略案（主な指示・発問・説明）

第二時

(1)シート①を配布する
(2)「登場人物とは、話の中に出てきて、動いたり話したり、考えたりする人や動物や物です。劇にしたとき、役が必要なら登場人物です。場面ごとに登場人物を書きなさい」
(3)「主役は誰ですか。理由も書きなさい」
(4)「場面ごとの主役の行動をまとめなさい」

第三時

(1)シート②を配布し、吹き出しを読ませる
(2)「不思議な世界に入ったのはどの文ですか」
(3)「不思議な世界から出たのはどの文ですか」
(4)「(3)の問題でその文を選んだ理由を書きなさい」
(5)「グループで話し合いなさい」

第四時

(1)シート③を配布する
(2)「『白いぼうし』を読んで、不思議だと思った出来事をかじょう書きしなさい」
(3)「話し合うテーマを決めます。一番話し合いたいテーマに○を付けなさい」
(4)発表させ、テーマを決めます
・一つに絞り、全員同じテーマについて考える
・テーマごとにグループをつくり考える
どちらでもよいです

第五時

(1)シート④を配布する
(2)「ファンタジーの物語を書きます。五つの項目について考えて、書きなさい」

第六時

(1)シート⑤を配布する
(2)「前回のシートをもとに、ファンタジーの物語を書きなさい」

「解答モデル（解答例）」

シート①

(1)一お客のしんし、松井さん
二松井さん、おまわりさん（もんしろちょう）
三おかっぱの女の子、松井さん、男の子、お母さん
四松井さん（ちょう）
(2)松井さん
(3)私は、主役は松井さんだと考える。なぜなら、松井さんは最初から最後まで、ずっと登場しているからだ。
(4)一夏みかんをくるまにのせておいた。
二夏みかんに白いぼうしをかぶせた。
三女の子にせかされてあわててアクセルをふんだ。
四シャボン玉のはじけるような、小さな声を聞いた。

シート②

(1)二十ページ二行目
すっぱい、いいにおいが、風であたりに広がりました。
(2)夏みかんのにおいが、不思議な世界のきっかけになっていると思うから。
(3)二十四ページ　十二行目
車の中には、まだかすかに、夏みかんのにおいがのこっています。
(4)夏みかんのにおいが車の中にのこっていますと書かれているから。

シート③

(1)・松井さんがシャボン玉のはじけるような小さな声を聞いたこと。
・夏みかんのにおいが不思議な世界と関係していそうなこと。
・女の子がいなくなったこと。
・急に女の子がタクシーに乗っていたこと。
・男の子が置いたぼうしがそのままになっていたこと。
(2)女の子の正体はだれか。
(3)私は、女の子の正体はだれかに関して、ちょうちょだと考えます。それは、十八ページ十二行目に「ちょうはひらひら高くまい上がると、なみ木の緑の向こうに見えなくなっていました。」と書かれています。その後に、車に女の子が急にすわっていました。つまり、ちょうが女の子に化けたと考えられるからです。

153ページに続く

白いぼうし①

名前（　　　　　）

『白いぼうし』の登場人物と主役について考えましょう。

(1) 場面ごとに登場人物をまとめましょう。

一	
二	
三	
四	

(2) 主役はだれですか。また、考えた理由を（例）を参考《さんこう》に書きましょう。

（例）私は、主役は～だと考える。
なぜなら、～だからだ。

主役	
理由	

(3) 主役がそれぞれの場面でどんなことをしたのかまとめましょう。うすい文字はなぞりましょう。

一	夏みかんを車にのせておいた。
二	
三	
四	

◎登場人物と主役について考えることができました。

白いぼうし②

名前（　　　　　　　　　　）

不思議な世界への入り口と出口について考えましょう。

(1) 松井さんが不思議な世界に入ったのはどの文からでしょうか。

ページ　　　行目

(2) その文を選んだ理由を書きましょう。

(3) 松井さんが不思議な世界から出たのはどの文でしょうか。

ページ　　　行目

(4) (3)の問題で、その文を選んだ理由を書きましょう。

◎不思議な世界への入り口と出口について考えることができました。

白いぼうし③

名前（　　　　）

話を読んで、不思議だと思ったことを話し合いましょう。

(1) 話を読んで、不思議《ふしぎ》だと思った出来事をかじょう書きで書きましょう。

(2) 話し合うテーマを一つ決めて書きましょう。

(3) テーマに対するあなたの考えを、(例)を参考に書きましょう。

(例) 私は～(テーマ)に関して、～だと考えます。それは、○ページ○行目に～と書かれています。つまり～だと考えられるからです。

◎不思議だと思った出来事について考えることができました。

白いぼうし④

名前（　　　　　　　　）

ファンタジーの物語を書くために、せっていを考えましょう。

(1)次の条件《じょうけん》で、ファンタジーの物語を書きましょう。

（一）主人公は、げんざいの世の中から、不思議な世界に入る
（二）不思議な世界に入る入り口がある（例　あなに落ちる）
（三）不思議な世界で、不思議な体けんをする
（四）不思議な世界から出る出口がある
（五）不思議な世界での体けんから、主人公に何かしらの変化《へんか》がおきる

主役と登場人物	不思議な世界への入り口	不思議な世界の様子	不思議な体けん	不思議な世界からの出口	主人公の変化

◎物語を書くためのせっていを考えることができました。

白いぼうし⑤

名前（　　　）

ファンタジーの物語を四百字程度で書きましょう。

(1)前回の学習で考えたせっていをもとに、物語を書きましょう。

題名

▲200

▲400

一つの花

今西 祐行／作　松永 禎郎／絵

六時間計画

分析の視点
設定
対比

準備物
画像　戦時中の列車
当時の道具など

指導計画

第一時　範読・音読
第二時　意味調べ、感想を書く（シート①）
第三時　設定の読み取り（シート②）
第四時　一、二場面と三場面の対比（シート③）
第五時　「一つだけ」に込められた意味の検討（シート④）
第六時　感想文を書く（シート⑤）

各時間の指導略案（主な指示・発問・説明）

第二時

(1)シート①を配布する
(2)「言葉の意味調べをしなさい」
(3)「(例)を参考にして、感想を書きなさい」
(4)「グループで読み合いなさい」

第三時

(1)シート②を配布する
(2)「第一場面から、当時の世の中について分かることを書きなさい」
(3)「ゆみ子について分かることを書きなさい」
(4)「ゆみ子はどんな子だと考えますか」
(5)「理由を書きなさい」

第四時

(1)シート③を配布し、吹き出しを読ませる
(2)「第一、第二場面と第三場面を対比しなさい」
(3)「一番重要な対比を書きなさい」
(4)「理由を(例)を参考に書きなさい」

第五時

(1)シート④を配布する
(2)「『一つだけ』という言葉に線を引きなさい」
(3)「『一つだけ』という言葉の意味を、ゆみ子、お母さんそれぞれの立場で書きなさい」
(4)「第三場面に『一つだけ』という言葉が出てこない理由を書きなさい」
(5)「『一つだけ』という言葉に込められた思いを書きなさい」

第六時

(1)シート⑤を配布する
(2)「『ちいちゃんのかげおくり』と『一つの花』について表にまとめなさい」
③「(例)を参考に、感想文を書きなさい」

「解答モデル（解答例）」

シート①

(1)略
(2)わたしは『一つの花』を読んで次の三つのことを考えた。
一つ目は、今の時代とは全然違うということだ。なぜなら、昔は食べ物が少なくて、今は食べ物がたくさんあるからだ。

二つ目は、お父さんがかわいそうということだ。なぜなら、体もじょうぶでもないのに、家族と離れ離れになって戦争に行かなければいけないからだ。

三つ目は、わたしは今の時代に生まれてよかったということだ。なぜなら、今は戦争がないからだ。

以上の三つが『一つの花』を読んでわたしが考えたことである。

シート②

(1)戦争がはげしかった。　おまんじゅうだの、キャラメルだの、チョコレートだの、そんなものはどこへ行ってもなかった。
おやつどころではなかった。　食べる物といえば、おいもや豆やかぼちゃしかなかった。

毎日てきの飛行機が飛んできて、ばくだんを落としていった。　町が次々にやかれて、はいになった。
(2)「一つだけちょうだい。」がはっきり覚えた最初の言葉。　ごはんのときでも、おやつのときでも、もっともっとと言って、いくらでもほしがる。知らず知らずのうちに、お母さんの口ぐせを覚えた。
(3)かわいそうな子ども
(4)お母さんが「なんてかわいそうな子でしょうね」と言っているから。

シート③

(1)戦争中⇕戦争が終わっている　一輪のコスモス⇕いっぱいのコスモス　おいもや豆やかぼちゃ⇕お肉やお魚　はいになる町⇕町　一つだけしか言わないゆみ子⇕何がいいかたずねるゆみ子　など
(2)一輪のコスモス⇕いっぱいのコスモス
(3)わたしは、一輪のコスモス⇕いっぱいのコスモスが一番重要な対比だと考える。
なぜか。

第一に題名が一つの花だからだ。

第二にコスモスがいっぱいあるということは、戦争が終わり、平和になったことを表していると思うからだ。

第三に、コスモスはお父さんがくれた花だからだ。

よって、わたしは、一番重要な対比は一輪のコスモス⇕いっぱいのコスモス　と考えるのである。

154ページに続く

一つの花①

名前（　　　　　　　　）

『一つの花』を読んだ感想を書きましょう。

(1) 言葉の意味を調べましょう。

言葉	意味

(2) (例)を参考にして、『一つの花』の感想を書きましょう。

(例) わたしは『一つの花』を読んで次の三つのことを考えた。
一つ目は、～（考えたことを書く）だ。なぜなら～（理由を書く）からだ。
二つ目は、～（考えたことを書く）だ。なぜなら～（理由を書く）からだ。
三つ目は、～（考えたことを書く）だ。なぜなら～（理由を書く）からだ。
以上の三つが『一つの花』を読んでわたしが考えたことである。

◎『一つの花』の感想を書くことができました。

一つの花②

名前（　　　　　）

『一つの花』のせっていを読み取りましょう。

(1) 第一場面から、どんな世の中だったのか分かることをかじょう書きしましょう。うすい文字はなぞりましょう。

・戦争がはげしかった。
・おまんじゅうだの、キャラメルだの、チョコレートだの、そんなものはどこへ行ってもなかった。

(2) 第一場面からゆみ子について分かることをかじょう書きしましょう。うすい文字はなぞりましょう。

・「一つだけちょうだい。」がはっきり覚えた最初の言葉。

(3) ゆみ子はどんな子どもだと考えますか。

(4) なぜそう考えたのか、理由を書きましょう。

◎『一つの花』のせっていを読み取ることができました。

一つの花③

名前（　　　　）

第一、第二場面と第三場面を対比しましょう。

(1) 第一、第二場面と第三場面の違いを考えて、例のように対比しましょう。うすい文字はなぞりましょう。

対比とは、二つのことを比べることです。例えば、大人と子どもの対比なら、「大きい⇕小さい　仕事に行く⇕学校に行く」　などが考えられます。

第一、第二場面	第三場面
（例）戦争中 ↔	戦争が終わっている

(2) 一番重要な対比はどれでしょうか。

(3) 理由を（例）を参考に書きましょう。

（例）わたしは、～（②で選んだ対比を書く）が一番重要な対比だと考える。なぜか。
第一に～からだ。
第二に～からだ。
第三に～からだ。
よって、わたしは、一番重要な対比は～と考えるのである。

◎第一、第二場面と第三場面を対比することができました。

一つの花④

名前（　　　　　　　　　　）

「一つだけ」という言葉にこめられた思いを考えましょう。

(1) 教科書を読み、「一つだけ」という言葉に線を引きましょう。また、だれが言った言葉なのか線の横に書きましょう。

(2) 「一つだけ」という言葉を、ゆみ子はどのような意味で使っていますか。また、お母さんはどうですか。

ゆみ子

お母さん

(3) 第三場面では、「一つだけ」という言葉が出てきません。なぜでしょうか。

(4) 作者は「一つだけ」という言葉にどんな思いをこめていると考えますか。

◎「一つだけ」という言葉にこめられた思いを考えることができました。

一つの花⑤

名前（　　　　　　）

『ちいちゃんのかげおくり』と『一つの花」を比べて、似ているところやちがうところを考え、感想文を書きましょう。

(1) 『ちいちゃんのかげおくり』『一つの花』について書きましょう。

	主役	時代	出来事	結末
ちいちゃんのかげおくり				
一つの花				

(2) **(例)を参考に感想文を書きましょう。**

(例)『ちいちゃんのかげおくり』と『一つの花』を比べる。
まず、似ていることは○つある。一つ目は～ということだ。（以下同じように書く）
次に、ちがうところは○つある。一つ目は～ということだ。（以下同じように書く）
わたしは、この二つの作品から、～ということを（思った／考えた／学んだ）
これから～していきたいと考える。

ごんぎつね

新美 南吉／作 かすや 昌宏／絵

六時間計画

分析の視点
主役の変化

準備物
画像 当時の家 火縄銃など

指導計画

第一時 範読・音読
第二時 意味調べ、感想を書く（シート①）
第三時 場面ごとにごんの行動や気持ちを読み取る（シート②）
第四時 ごんについて読み取る（シート③）
第五時 ごんの変化を読み取る（シート④）
第六時 第6場面の兵十を読み取る（シート⑤）

各時間の指導略案（主な指示・発問・説明）

第二時

(1) シート①を配布する
(2) 「言葉の意味調べをしなさい」
(3) 「例を参考にして、感想を書きなさい」

第三時

(1) シート②を配布する
(2) 「一の場面『ごんが兵十にしたこと』と『その時のごんの気持ち』をなぞりなさい」
(3) 6場面まで書かせます
(4) 「グループで意見を交流しなさい」

第四時

(1) シート③を配布する
(2) 「ごんについて分かることをかじょう書きしなさい」
(3) 「ごんはどんなきつねだと考えますか」
(4) 「理由を（例）を参考にかきなさい」
(5) 「グループで意見を交流しなさい」

第五時

(1) シート④を配布する
(2) 「ごんの気持ちの変化について枠に書きなさい」
(3) 「ごんの気持ちが変化したのは何場面ですか」
(4) 「理由を（例）を参考に書きなさい」
(5) 「グループで話し合いなさい」

第六時

(1) シート⑤を配布する
(2) 「ごんを見たとき、兵十はどう思ったでしょうか」
(3) 「ごんをうった後、兵十が見たものを書きなさい」
(4) 「兵十はまず何を考えていたでしょうか」
(5) 「ごんが栗をくれていたことに気付いたのはどの文ですか」
(6) 「ごんからの視点で書かれた一文を書きなさい」
(7) 「なぜ、ごんからの視点で書かれたのでしょうか」

「解答モデル（解答例）」

シート①

(1) 略
(2) わたしは『ごんぎつね』を読んで次の三つのことを考えた。
一つ目は、なぜごんはいたずらばかりするのかということだ。なぜなら、いたずらをしなければ最後鉄ぽうでうたれることはなかったからだ。

二つ目は、兵十がかわいそうだということだ。なぜなら、お母さんが死んでしまったからだ。

三つ目は、ごんもかわいそうだということだ。なぜなら、うたれて死んでしまったからだ。

以上の三つが『ごんぎつね』を読んでわたしが考えたことである。

シート②

(1)
1 略
2 兵十のしおれた顔を見た。いたずらしたことを後悔した。
3 いわしやくりや松たけを持って行って償いをした。いいことをしたと思った。
4 兵十と加助の後をついていった。お念仏があるんだなと思った。
5 兵十と加助の会話を聞いた。こいつはつまらないなと思った。
6 くりを兵十の家へ持って行った。（この場面は直接ごんの気持ちは書かれていません。「自分が置いていっていると気付いてほしい」などと想像させましょう）

シート③

(1) ひとりぼっちの小ぎつね、あなをほって住んでいた、いたずらばかりしたなど
(2) 悪いきつね、いたずらばかりするきつねなど
(3) わたしは、ごんは悪いきつねだと考える。なぜか。
第一に、十二ページ八行目に「いたずらばかりしました。」と書かれている。つまり、毎日のようにいたずらをしていたということだ。

第二に、十二ページ九行目に「畑へ入っていもをほり散らしたり、菜種がらのほしてあるのへ火をつけたり」と書かれている。つまり、とてもきけんないたずらをしていたということだ。

第三に、十二ページ十行目に「つるしてあるとんがらしをむしり取っていったり」と書かれている。つまり、様々なものにいたずらをしていたということだ。

よって、わたしは、ごんは悪いきつねだと考えるのである。

154ページに続く

ごんぎつね①

名前（　　　　）

『ごんぎつね』を読んだ感想を書きましょう。

(1) 言葉の意味調べをしましょう。

言葉	意味
よそ行き	
そうれつ	

国語辞典の早引き競争をして、調べる力をつけましょう。

(2) 例を参考にして『ごんぎつね』の初発の感想を書きましょう。

（例）わたしは『ごんぎつね』を読んで次の三つのことを考えた。
一つ目は、～（考えたことを書く）だ。なぜなら～（理由を書く）からだ。
二つ目は、～（考えたことを書く）だ。なぜなら～（理由を書く）からだ。
三つ目は、～（考えたことを書く）だ。なぜなら～（理由を書く）からだ。
以上の三つが『ごんぎつね』を読んでわたしが考えたことである。

考えたことには、
・面白いと感じたこと
・不思議に思ったこと
・これから考えたいこと
などを書きましょう。

◎『ごんぎつね』の感想を書くことができました。

ごんぎつね②

名前（　　　　　）

場面ごとにごんの行動や気持ちを読み取りましょう。

(1) 場面ごとに「ごん」が「兵十」にしたことをまとめ、その時のごんの気持ちを考えましょう。うすい文字はなぞりましょう。

場面	一	二	三	四	五	六
「ごん」が「兵十」にしたこと	・兵十のとった魚やうなぎにいたずらをした。					
そのときの「ごん」の気持ち	・ちょいと、いたずらがしたかった。					

◎場面ごとにごんの行動や気持ちを読み取ることができました。

ごんぎつね③

名前（　　　　　　）

ごんについて分かることを書きましょう。

(1) 第一場面「これは、～お話です。」から「畑に入って～いろんなことをしました。」までの文章で、ごんについて分かることをかじょう書きしましょう。うすい文字はなぞりましょう。

・中山からすこしはなれた山の中にすんでいた。

(2) ごんはどんなきつねだと考えますか。

　　　　　　きつね

(3) そう考えた理由を（例）を参考に書きましょう。

（例）わたしは、ごんは～（(2)で書いたことを書く）きつねだと考える。なぜか。
第一に、〇ページ〇行目に「～」と書かれている。つまり、～ということだ。
第二に、〇ページ〇行目に「～」と書かれている。つまり、～ということだ。
第三に、〇ページ〇行目に「～」と書かれている。つまり、～ということだ。
よって、わたしは、ごんは～きつねだと考えるのである。

◎ごんはどんなきつねか考えることができました。

ごんぎつね④

名前（　　　　）

ごんの気持ちの変化を考えましょう。

(1) ごんは最初と最後で気持ちはどのように変化していますか。また、ごんを変えたもの（こと）はなんでしょうか。

最初

最後

ごんを変えたもの（こと）

(2) ごんの気持ちが変化したのは第何場面でしょうか。

　　　場面

(3) 理由を（例）を参考に書きましょう。

(例) わたしは、第○場面でごんの気持ちは変化したと考える。なぜか。
第一に、○ページ○行目に「～」と書かれているからだ。つまり、～ことだ。
第二に、○ページ○行目に「～」と書かれているからだ。つまり、～ことだ。
第三に、○ページ○行目に「～」と書かれているからだ。つまり、～ことだ。
よって、わたしは、第○場面でごんの気持ちは変化したと考えるのである。

◎ごんの気持ちの変化を考えることができました。

ごんぎつね⑤

名前（　　　　）

第6場面の兵十について読み取りましょう。

(1) ごんがうちの中に入ったのを見たとき、兵十はどう思いましたか。

(2) 兵十はごんをうったあと、三つのものを見ています。何を見たのか順番に書きましょう。

一番目

二番目

三番目

(3) 兵十はごんをうったあと、まず何を考えていたでしょうか。

(4) 兵十がごんがくりをくれていたことに気がついたのはどの文でしょうか。

(5) 「そのとき兵十は～」以降、兵十によりそった視点で書かれていますが、一文だけ「ごん」からの視点で書かれています。その文を書きましょう。

(6) なぜ、「ごん」からの視点で書かれたのでしょうか。

◎第6場面の兵十について読み取ることができました。

プラタナスの木　六時間計画

椎名　誠／作　中島　梨絵／絵

分析の視点
要約
主題

準備物
画像　プラタナスの木

指導計画

第一時　範読・音読、意味調べ
第二時　設定の読み取り（シート①）
第三時　場面ごとに要約（シート②）
第四時　最初と最後で変化したことを考える（シート③）
第五時　主題の検討（シート④）
第六時　感想文を書く（シート⑤）

各時間の指導略案（主な指示・発問・説明）

第二時

(1)シート①を配布する
(2)「場面ごとに場所などを書きなさい」
(3)「主役はだれですか」
(4)「プラタナス公園について書きなさい」
(5)「プラタナスの木について調べなさい」

第三時

(1)シート②を配布する
(2)第一場面を音読させ、薄い文字をなぞらせます
(3)第二場面、キーワードに線を引かせます
(4)発表させ、キーワードを確定していきます
(5)以下同様に第五場面までキーワードを確定します
(6)「キーワードを使って、内容を短くまとめなさい」

第四時

(1)シート③を配布する
(2)「最初と最後で変化したことをかじょう書きしなさい」
(3)「一番重要な変化は何ですか」
(4)「理由を（例）を参考に書きなさい」
(5)「グループで話し合いなさい」

第五時

(1)シート④を配布し、薄い文字をなぞらせる
(2)「マーチンの変化を枠の中に書きなさい」
(3)「『プラタナスの木』の主題は何ですか」
(4)「理由を書きなさい」
(5)「グループで交流しなさい」

第六時

(1)シート⑤を配布する
(2)『プラタナスの木』を読んで、一番心に残った文を書き写し、理由を書きなさい」
(3)「（例）を参考に、感想文を書きなさい」
(4)「グループで読み合いなさい」

「解答モデル（解答例）」

シート①

(1)
一　プラタナス公園、マーチン、花島君、クニスケ、アラマちゃん
二　つゆ明けのころ、プラタナス公園、マーチン、花島君、クニスケ、アラマちゃん、おじいさん
三　夏休みに入るとすぐ、夏休みの半ば、プラタナス公園、マーチン、おじいさん
四　新学期、プラタナス公園、マーチン、花島君、クニスケ、アラマちゃん
五　立ち入り禁止がとけたある日、プラタナス公園、マーチン、花島君、クニスケ、アラマちゃん
(2)マーチン
(3)川ぞいの公園、バスケットコートぐらいの広さ、何も植えられていない花だんでかこまれている、プラタナスの木が一本生えている、中学生や幼児連れの母親などはめったに来ない、水飲み場がある、時間によってボール遊びができるなど。
(4)葉が大きな落葉樹で虫がつきにくい特ちょうから、街路じゅにてきしている木。

シート②

(1)
一　プラタナス公園、サッカー、マーチン
二　プラタナスの木、おじいさん、マーチン
三　マーチン、森、木と根
四　プラタナスの木、切りかぶ、マーチン
五　切りかぶ、みきや枝、マーチン
(2)
一　プラタナス公園でサッカーに熱中するマーチン。
二　プラタナスの木の話をおじいさんから聞いたマーチン。
三　一本一本の木とその根が、森全体を守ってきたと気付くマーチン。
四　プラタナスの木が切りかぶだけになったことを知るマーチン。
五　切りかぶに乗り、みきや枝の代わりになるマーチン。

シート③

(1)サッカーに熱中する⇳サッカーに熱中しない
プラタナスの木がある⇳プラタナスの木がない　おじいさんがいる⇳おじいさんがいない
日かげがある⇳日かげがない　遊ぶ⇳ベンチにすわる
(2)プラタナスの木がある⇳プラタナスの木がない

154ページに続く

プラタナスの木①

名前（　　　　）

『プラタナスの木』のせっていを考えましょう。

(1) 場面ごとに時、場所、登場人物を表にまとめましょう。

場面	時	場所	登場人物
一			
二			
三			
四			
五			

(2) 主役はだれですか。

(3) 第一場面から、プラタナス公園について分かることをかじょう書きしましょう。うすい文字はなぞりましょう。

・川ぞいの公園

(4) プラタナスの木について調べ、三十文字以内でまとめましょう。

◎『プラタナスの木』のせっていを考えることができました。

プラタナスの木②

名前（　　　　　　）

場面ごとに内容を短くまとめましょう。

(1) 場面ごとに大切な言葉（キーワード）を三つずつ書きましょう。

一	プラタナス公園	サッカー	マーチン
二			
三			
四			
五			

(2) 場面ごとに次の条件で内容を短くまとめましょう。

・句読点もふくめ三十文字以内にします

・文の最後は「〜マーチン。」にします

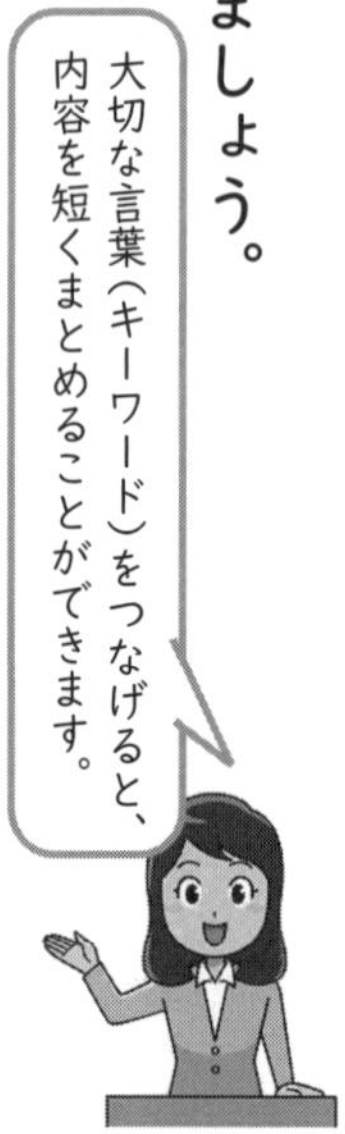

一	二	三	四	五

◎場面ごとに内容を短くまとめることができました。

プラタナスの木③

名前（　　　　　　　　）

話の最初と最後で変化したことを考えましょう。

(1) 話の最初と最後で変化したことをかじょう書きしましょう。

(2) 話の中で一番重要な変化は何ですか。

(3) (2)のように考えた理由を（例）を参考に書きましょう。

（例）私は話の中で一番重要な変化は〜だと考える。なぜか。
第一に、〜（理由を書く）からだ。
第二に、〜（理由を書く）からだ。
第三に、〜（理由を書く）からだ。
よって私は、話の中で一番重要な変化は〜だと考えるのである。

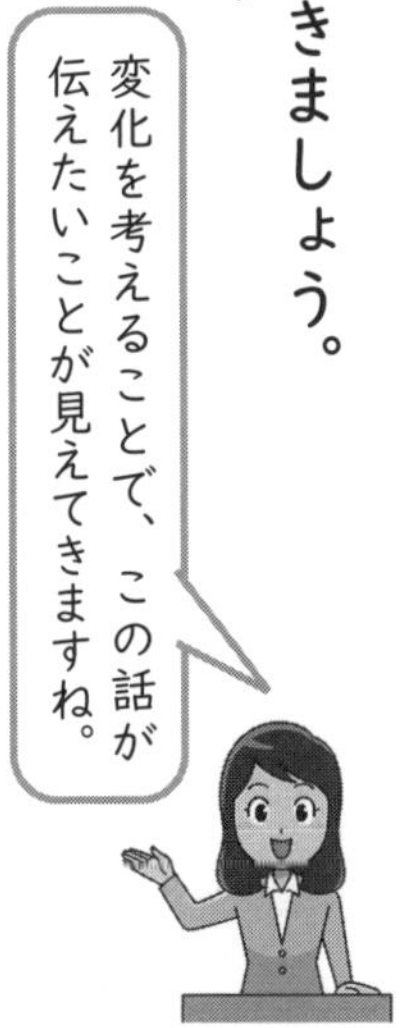

◎話の中で変化したことを考えることができました。

プラタナスの木④

名前（　　　　　）

『プラタナスの木』の主題を考えましょう。

(1) 主題について知りましょう。うすい文字をなぞりましょう。

主題

作品を通して伝えたいことは、主役の変化から考えられることが多い。

(2) 主題は次のように考えられます。うすい文字をなぞりましょう。

スイミー	協力すれば、大きなことをなしとげられる。
モチモチの木	いざという時、人は勇気を出せる。

(3) マーチンは最初と最後でどのように変化しましたか。また、マーチンを変化させたもの（こと）は何でしょうか。

最初

マーチンを変化させたもの（こと）

最後

(4) 『プラタナスの木』の主題を書きましょう。

(5) (4)のように考えた理由を書きましょう。うすい文字はなぞりましょう。

わたしは、『プラタナスの木』の主題は「　　」だと考える。なぜなら、

◎『プラタナスの木』の主題を考えることができました。

プラタナスの木⑤

名前（　　　　）

『プラタナスの木』の感想文を書きましょう。

(1) 『プラタナスの木』を読んで一番心に残った文を書き写しましょう。

(2) (1)の文を選んだ理由を書きましょう。

(3) （例）を参考に『プラタナスの木』の感想文を書きましょう。

（例）『プラタナスの木』を読んで、一番心に残った文は「～（(1)で書いた文を書く）」だ。

なぜなら、～（(2)で書いたことを書く）からだ。

この話は最初と最後で様々なことが変化する。わたしは、～（シート③を参考に書く）が一番重要だと考える。

また、『プラタナスの木』の主題は～（シート④を参考に書く）だと考える。

私は『プラタナスの木』を読んで～（感想を一文で書く）だと（考えた／思った）。

◎『プラタナスの木』の感想文を書くことができました。

初雪のふる日

安房　直子／作　寺門　孝之／絵

六時間計画

分析の視点
設定
不思議な世界への入り口と出口

準備物
特になし

指導計画

第一時　範読・音読
第二時　設定の読み取り、感想を書く（シート①）
第三時　心に残った文を書き出す（シート②）
第四時　不思議な世界への入り口と出口の検討（シート③）
第五時　文章表現を考える（シート④）
第六時　考えをまとめた文を書く（シート⑤）

各時間の指導略案（主な指示・発問・説明）

第二時

(1)シート①を配布する
(2)「いつの話ですか」
(3)「登場人物をすべて書きなさい」
(4)「『初雪のふる日』を読んで、どんな話だと思いましたか。(例)を参考に感想も書きなさい」

第三時

(1)シート②を配布する
(2)「場面ごとに心に残った文を書き写し、どんなことを感じたのか書きなさい」場面分け　一秋の終わり～　二バスの～　三初雪の～　四とびながら～　五こうして～　六このときです～　七気がついたとき～　八女の子は～

第四時

(1)シート③を配布する
(2)「女の子が、不思議な世界に入ったのはどの文からですか。理由も書きなさい」
(3)「女の子が、不思議な世界から出たのはどの文からですか。理由も書きなさい」

第五時

(1)シート④を配布し、薄い文字をなぞらせる
(2)「意味調べをしなさい」
(3)「それぞれの言葉を使って文作りをしなさい」
(4)「薄い文字をなぞり、二つの文の違いを書きなさい」

第六時

(1)シート⑤を配布する
(2)「(例)を参考に、『初雪のふる日』に対する考えをまとめた文章を書きなさい」
(3)「書き終わった人たちで集まり、読み合いなさい」

「解答モデル（解答例）」

シート①

(1)秋の終わりの寒い日
(2)小さな女の子、うさぎ、たばこ屋のおばあさん、(おばあさん)、町の人々、一人の年より
(3)こわい話
(4)わたしは『初雪のふる日』はこわい話だと考える。なぜか。
第一に、百二十五ページ六行目に「もしも、そのうさぎの群れにまきこまれたりしたら、もう帰って来られなくなるからね。」と書かれている。つまり、一度入ってしまったらぬけ出すことができないということだ。

第二に、百二十八ページ一行目に「女の子は、どうしても、よもぎのおまじないを唱えることができないのでした。」と書かれている。つまり、おまじないを知っていても意味がないということだ。

第三に、百二十九ページ三行目に「女の子の手足はかじかんで、もう氷のようになりました。」と書かれている。つまり、だんだん死に近づいているということだ。

よって、わたしは『初雪のふる日』はこわい話だと考える。

シート②

(1)
一略
二空はどんよりと暗くなり、風も冷たくなりました。嫌なことがおこりそうな感じ。

三もしも、そのうさぎのむれにまきこまれたりしたら、もう帰ってこられなくなるからね。とてもこわい感じ。

四が、うさぎの歌声は～女の子は、どうしても、よもぎのおまじないを唱えることができないのでした。おまじないを知っていてもぬけ出せないのかと思った。

五ほほは青ざめ、くちびるはふるえていました。女の子が死んでしまうのではないかと思った。

六今、土の中でじっと寒さに～女の子のむねに伝わってきたのでした。勇気をもらえた感じがした。

七けれどもこのとき、女の子の足はもうぼうのようで、動きませんでした。女の子が疲れ果てていると感じた。

八女の子は、町の食堂で～。女の子の安心した様子が伝わってきた。
(2)四場面　が、うさぎの歌声は～女の子は、どうしても、よもぎのおまじないを唱えることができないのでした。

155ページに続く

初雪のふる日①

名前（　　　　　）

せっていを読み取り、感想を書きましょう。

(1) いつのお話ですか。

(2) 登場人物をすべて書きましょう。

(3) 物語を読んで、どんな話だと思いましたか。

話

(4) (3)のように考えた理由を、次の文章の書き方を参考に書きましょう。

わたしは『初雪のふる日』は～（(3)で書いたことを書く）話だと考える。なぜか。
第一に、○ページ○行目に「～」と書かれている。つまり、～ということだ。
第二に、○ページ○行目に「～」と書かれている。つまり、～ということだ。
第三に、○ページ○行目に「～」と書かれている。つまり、～ということだ。
よって、わたしは『初雪のふる日』は～（(3)で書いたことを書く）話だと考える。

◎せっていを読み取り、感想を書くことができました。

初雪のふる日②

名前（　　　　　　）

場面ごとに心に残った文を書き出しましょう。

(1) 場面ごとに心に残った文を一文ずつ書き出しましょう。また、その文からどんなことを感じるのか書きましょう。

例

一	石けりの輪は、まだまだ続いていたのです。	いったいどこまで続くんだろうと、少しこわい感じがした。

場面	心に残った文	感じたこと
一		
二		
三		
四		
五		
六		
七		
八		

(2) 特に心に残った一文を選びましょう。

第　場面	

初雪のふる日③

名前（　　　　　　）

不思議な世界への入り口と出口について考えましょう。

(1) 女の子が不思議な世界に入ったのはどの文からでしょうか。

ページ　　行目

(2) その文を選んだ理由を書きましょう。

(3) 女の子が不思議な世界から出たのはどの文でしょうか。

ページ　　行目

(4) その文を選んだ理由を書きましょう。

◎不思議な世界への入り口と出口について考えることができました。

初雪のふる日④

名前（　　　　）

『初雪のふる日』に出てくる表現について考えましょう。

(1) 言葉の意味調べをしましょう。

言葉	意味
うつむく	
かじかむ	
ほんのり	

(2) 次の言葉を使って、文を作りましょう。

うつむく	
かじかむ	
ほんのり	

(3) 『初雪のふる日』は雪のふり方を表す様々な表現が出てきます。うすい文字をなぞり、AとBの感じ方のちがいを書きましょう。

A　バスのていりゅう所の辺りまで来たとき、雪がふり始めました。

B　バスのていりゅう所の辺りまで来たとき、ほろほろと雪がふり始めました。

ちがい

A　雪の中を、もう後から後から、白いうさぎが続いてくるのでした。

B　ふりしきる雪の中を、もう後から後から、白いうさぎが続いてくるのでした。

ちがい

◎『初雪のふる日』に出てくる表現について考えることができました。

初雪のふる日⑤

名前（　　　　）

『初雪のふる日』に対する考えをまとめた文章を書きましょう。

例文を参考に、考えをまとめた文章を書きましょう。

長い文章を引用するときは「村の一本道に～しゃがんでいました。」のようにしょうりゃくして書きましょう。

わたしは『初雪のふる日』は～（シート①を参考に書く）話だと考える。

特に心に残った文は、第〇場面の「～（シート②を参考に書く）」だ。その文から～と感じた。

女の子が不思議な世界に入ったのは「～（シート③を参考に書く）」という文で、元の世界にもどったのは、「～」という文だと考える。

この話には、雪のふり方を表す様々な表現が出てくる。例えば「雪がふり始めました。」と「ほろほろと雪がふり始めました。」では、～（シート④を参考に書く）ように感じる。

学習を終えてわたしは～（感想を一文で書く）と（考えた／思った）。

◎『初雪のふる日』に対する考えをまとめた文章が書けました。

なまえつけてよ　四時間計画

蜂飼　耳／作　佐藤　真紀子／絵

分析の視点
登場人物
クライマックス

準備物
特になし

指導計画

第一時　範読・音読、意味調べ（ノート）
第二時　登場人物の行動や心情を考える（シート①）
第三時　場面ごとに要約し、心情の変化を考える（シート②）
第四時　クライマックスを考え、学習内容をまとめる（シート③）

各時間の指導略案（主な指示・発問・説明）

第二時

(1)シート①を配布する
(2)「一日目の春花の会話や行動を二つ書きなさい」
(3)「その時の心情を想像して書きなさい」
(4)同様にその他の枠についても書かせていきます
(5)早く書き終わった児童に発表させたり、時間で区切ってグループで意見を交流させたりします

第三時

(1)シート②を配布する
(2)「一日目の春花について短くまとめます。大切な言葉、キーワードを三つ選び、線を引きなさい」
（教科書に線を引かせる）
(3)発表させ、解答例のキーワード三つに絞っていきます
(4)同じように春花の二日目、三日目、また勇太のキーワードも確定させていきます
(5)「キーワードを書きなさい」
(6)「キーワードをもとに、場面ごとに要約しなさい」
(7)「春花、勇太、二人の心情の変化を書きなさい」
(8)「グループで発表しなさい」

第四時

(1)シート③を配布し、吹き出しを読ませる
(2)「春花の勇太に対する心情が変化したのは、何日目ですか」
(3)「春花の勇太に対する心情が変化した一文を書き写しなさい」
(4)「理由を書きなさい」
(5)「グループで発表しなさい」
(6)「(例)を参考にして、『なまえつけてよ』の内容をまとめる文章を書きなさい」
(7)「グループで意見を交流しなさい」

「解答モデル（解答例）」

シート①

一日目　春花
・夜、ふとんにもぐりこんでからも、春花は一生けんめい考えた。
・子馬にぴったりの名前をつけてあげたい。

一日目　勇太
・勇太は顔を上げて、ちらっと春花の方を見た。
・勇太はぷいっと向きを変えて、歩きだした。
・何を話したらよいのだろう。
・なんだか気まずいから、早くこの場を離れたい。

二日目　春花
・「いいんです。それなら、しかたないですね。」
・春花は、子馬の鼻にふれたまま、明るい声でそう答えた。
・もらわれてしまうことは仕方がない。
・せっかく考えた名前をつけたかった。

二日目　勇太
・勇太と陸は何も言わない。
・二人とも、こまったような顔をして、春花の方をじっと見ていた。
・名前をつけられずに春花はがっかりしているだろう。
・どうやって励ましたらよいのか分からない。

三日目　春花
・春花はそっと何かをわたされた。
・勇太って、こんなところがあるんだ。
・何だろう。
・勇太には、私が知らなかった優しい一面があるんだな。

三日目　勇太
・わたすと、勇太はいそいで行ってしまった。
・ボールを追いかけている。
・春花に元気を出してもらいたい。
・春花に元気を出してほしい。恥ずかしい。

シート②

(1)春花
一日目　子馬・名前をつけて・春花
二日目　子馬の名前・明るい声・春花
三日目　紙で折った小さな馬・わたされた・春花

勇太
一日目　目を合わせない・足元を見てる・勇太
二日目　子馬の名前・何も言わない・勇太
三日目　紙で折った小さな馬・わたす・勇太

155ページに続く

なまえつけてよ①

名前（　　　　　　　　　）

春花と勇太の会話や行動を書き、その時の心情を想像しよう。

(1) 場面ごとに会話や行動を抜き出し、その時の心情を想像して、短い言葉でまとめましょう。うすい文字はなぞりましょう。

	一日目	二日目	三日目
春花の会話や行動	・まるで知らない道を歩いているような気がしてくる。		
心情	・子馬の名前をつけてほしいと言われ、うきうきしている。		
勇太の会話や行動	・勇太は目を合わせない。ただ、足元を見ている。		
心情	・春花と話しづらい。どう関わってよいのか、分からない。		

◎場面ごとに、二人の会話や行動、心情をまとめることができました。

なまえつけてよ②

名前（　　　　）

場面ごとに内容を要約し、心情の変化を考えましょう。

(1) 場面ごとに大切な言葉（キーワード）を三つずつ書きましょう。

	春花			勇太		
	一日目	二日目	三日目	一日目	二日目	三日目

(2) 場面ごとに次の条件で要約しましょう。

・句読点もふくめ三十文字以内にします・文の最後は「～春花。～勇太。」にします

	春花			勇太		
	一日目	二日目	三日目	一日目	二日目	三日目

(3) 「春花」の「勇太」に対する心情、また「勇太」の「春花」に対する心情はどのように変わったと考えますか。

春花⇒勇太

最初	最後

勇太⇒春花

最初	最後

勇太の心情の変化は直接書かれていません。行動から想像してみましょう。

なまえつけてよ③

名前（　　　　　）

クライマックスを考え、『なまえつけてよ』の内容をまとめる文章を書きましょう。

(1) 春花の勇太に対する心情が変化したのは何日目でしょうか。

クライマックスとは、話が一番盛り上がるところです。物語文では、主人公の気持ちががらっと変わるところとします。

(2) 春花の勇太に対する心情が変化した一文はどこですか。書き写しましょう。

(3) なぜその一文を選んだのか、理由を書きましょう。

(4) （例）を参考にして『なまえつけてよ』の内容をまとめましょう。

（例）『なまえつけてよ』では、春花、勇太それぞれの心情が変化する。

春花は、勇太に対して、初めは～（シート①②を参考に書く）と思っていたが、最後は～（シート①②を参考に書く）と思った。

勇太は、春花に対して、初めは～（シート①②を参考に書く）と思っていたが、最後は～（シート①②を参考に書く）と思った。

春花の心情が変化した一文は、○ページ○行目の「～」だ。なぜなら、～だからだ。

私は、この話を読んで～（話の感想を一言で書く）と思った。

たずねびと

朽木　祥／作　江頭　路子／絵

六時間計画

分析の視点
登場人物
要約
主題

準備物
画像　原爆ドーム
　平和祈念資料館など

指導計画

第一時　範読・音読、意味調べ
第二時　設定を考える（シート①）
第三時　場面ごとに要約する（シート②）
第四時　綾の変化を考える（シート③）
第五時　主題を考える（シート④）
第六時　テーマに対して考えたことを書く（シート⑤）

各時間の指導略案（主な指示・発問・説明）

第二時

(1)シート①を配布する
(2)「登場人物をすべて書きなさい」
(3)「場面ごとに登場人物と場所を書きなさい」
(4)「話を二つに分けるとしたらどこで分けますか」
(5)「理由を書きなさい」

第三時

(1)シート②を配布する
(2)「第一場面で重要な言葉、キーワードを三つ選び、線を引きなさい」（教科書に引かせる）
(3)発表させて、解答例の三つに絞っていきます（第二場面は、話の中に出てこないが「夢の中」というキーワードを入れます）
(4)キーワードを書かせ、要約させせます

第四時

(1)シート③を配布する
(2)「綾の変化を書きなさい」
(3)「綾に一番影響を与えた出来事は何ですか」
(4)「理由を書きなさい」

第五時

(1)シート④を配布し、薄い文字をなぞらせる
(2)「『たずねびと』の主題は何でしょうか」
(3)「理由を書きなさい」
(4)「グループで意見を交流しなさい」

第六時

(1)シート⑤を配布する
(2)課題を読ませます
(3)「あなたの考えに近い方に○を付けなさい」
(4)「あなたの考えを（例）を参考に書きなさい」
(5)「グループで話し合いなさい」
（考えの違う児童同士でグループを作る）

「解答モデル（解答例）」

シート①

(1)綾・お兄ちゃん・お母さん・受付の人・おばあさん
(2)
一　駅　綾
二　ベッド（家）　綾
三　駅　綾・お兄ちゃん
四　家　綾・お兄ちゃん・お母さん
五　原爆ドーム、慰霊碑、平和記念資料館（広島）綾・お兄ちゃん
六　追悼平和祈念館（広島）
　綾・お兄ちゃん・受付の人
七　原爆供養塔（広島）
　綾・お兄ちゃん・おばあさん
八　河土手、橋（広島）　綾・お兄ちゃん
(3)四の場面と五の場面の間
(4)私は、『たずねびと』は、四場面と五場面の間で分けることができると考える。なぜなら、四場面までは家や駅と身近な場所だったが、五場面からは広島に出かけているからだ。

シート②

(1)
一　原爆供養塔納骨名簿・楠木アヤ・綾
二　夢の中・「アヤ」という名前・綾
三　楠木アヤ・お兄ちゃん・綾
四　広島・せがんだ・綾
五　一発の爆弾・十四万人・綾
六　原爆・たくさんの子ども・綾
七　おばあさん・わすれんで・綾
八　一発の爆弾・忘れない・綾

2
一　原爆供養塔納骨名簿に楠木アヤという名前を見つける綾。
二　夢の中で「アヤ」という名前がうかんで見えた綾。
三　もう一度駅に行き、お兄ちゃんに「楠木アヤ」を教える綾。
四　アヤを探しに広島に行きたいとお兄ちゃんにせがんだ綾。
五　一発の爆弾で約十四万人の人がなくなったことを知った綾。
六　原爆でたくさんの子どもたちがなくなったことを知った綾。
七　おばあさんに、アヤのことをわすれんでと言われた綾。
八　広島で知った一発の爆弾のことを忘れないでいようと思った綾。

155ページに続く

たずねびと①

名前（　　　　）

『たずねびと』の設定について考えましょう。

(1) 登場人物をすべて書きましょう。

(2) 場面ごとに「場所」「登場人物」をまとめましょう。

	場所	登場人物
一		
二		
三		
四		
五		
六		
七		
八		

(3) 『たずねびと』を二つに分けるとしたらどこで分けますか。

場面と　　場面の間

(4) (3)のように考えた理由を書きましょう。うすい文字はなぞりましょう。

私は、『たずねびと』は、　場面と　場面の間で分けることができると考える。なぜなら、

◎場面ごとに設定をまとめ、物語を二つに分けることができました。

たずねびと②

名前（　　　　）

場面ごとに要約しましょう。

(1) 場面ごとに大切な言葉（キーワード）を三つずつ書きましょう。

場面			
一	原爆供養塔納骨名簿	楠木アヤ	綾
二	夢の中		
三			
四			
五			
六			
七			
八			

(2) 場面ごとに次の条件で要約しましょう。

・句読点もふくめ三十文字以内にします・文の最後は「～綾。」にします

一	二	三	四	五	六	七	八

たずねびと③

名前（　　　　　　）

綾の変化について考えましょう。

(1) 綾は最初と最後でどのように変化しましたか。

最初

←

最後

(2) 綾の変化に一番えいきょうを与えたのは、次の三つのうちどれでしょうか。第何場面かを書き、文をうつしましょう。

第五場面	平和記念資料館で一発の爆弾により約十四万人がなくなったことを知ったこと。
第六場面	追悼平和祈念館で、たくさんの子どもがなくなったことを知ったこと。
第七場面	原爆供養塔でおばあさんからアヤの話を聞いたこと。

第　場面

(3) (2)のように考えた理由を、(例)を参考に書きましょう。

(例) 私は、綾の変化に一番えいきょうを与えたのは、第○場面の～ことだと考える。なぜか。

第一に、○ページ○行目に「～」と書かれている。つまり～ということだ。

第二に、○ページ○行目に「～」と書かれている。つまり～ということだ。

第三に、○ページ○行目に「～」と書かれている。つまり～ということだ。

よって、綾の変化に一番えいきょうを与えたのは、第○場面の～ことなのである。

◎綾の変化を考えることができました。

たずねびと④

名前（　　　　）

『たずねびと』の主題を考えましょう。

⑴ 主題について知りましょう。うすい文字をなぞりましょう。

主題

作品を通して伝えたいことは、主役の変化から考えられることが多い。

⑵ 主題は次のように考えられます。うすい文字をなぞりましょう。

うらしま太郎	約束は守らなければならない。
おおきなかぶ	協力すれば、物事を達成できる。

⑶ 『たずねびと』の主題は何でしょうか。第八場面の綾の考えや、シート③を参考に考えましょう。

⑷ ⑶のように考えた理由を、次の文型で書きましょう。

私は『たずねびと』の主題は、「～」だと考える。なぜか。
第一に、～（理由を書く）からだ。つまり、～ということだ。
第二に、～（理由を書く）からだ。つまり、～ということだ。
第三に、～（理由を書く）からだ。つまり、～ということだ。
よって、『たずねびと』の主題は～なのである。

◎『たずねびと』の主題を考えることができました。

たずねびと⑤

名前（　　　　　　　）

テーマに対する自分の考えを書きましょう。

(1)次のテーマについて、あなたの考えはどちらに近いですか。

『たずねびと』は戦争をテーマにした作品です。作者は様々な思いをこめて作品を書いています。小学五年生のあなたは戦争を体験していません。読み手が体験していないことが言葉で伝わるのでしょうか。

	心にひびく言葉を使えば伝わる。
	書いた人の気持ちをおしつけられている気がする。

(2)なぜ(1)のように考えたのか、(例)を参考に自分の経験を入れて書きましょう。

(例) わたしは「体験していないことが言葉で伝わるのか」というテーマに対し、～（(1)で選んだ文を書く）と考える。

まず、『たずねびと』を読んで、わたしは～と感じた。つまり～ということだ。また、わたしは～（自分の経験を書く）という経験をしたことがある。つまり、～ということだ。

よって、わたしは「体験していないことが言葉で伝わるのか」というテーマに対し、～（(1)で選んだ文を書く）だと考えるのである。

◎テーマに対する自分の考えが書けました。

大造じいさんとガン 六時間計画

椋 鳩十／作 水上 みのり／絵

分析の視点
クライマックス
主題
色のイメージ

準備物
画像 情景描写に沿った風景

指導計画

第一時 範読・音読、意味調べ（ノート）
第二時 三回の戦いをまとめる（シート①）
第三時 残雪とハヤブサの戦いを考える（シート②）
第四時 色のイメージの検討（シート③）
第五時 物語の魅力を伝える文章を書く（シート④）
第六時 主題を検討する（シート⑤）

各時間の指導略案（主な指示・発問・説明）

第二時

(1)シート①を配布する
(2)「うなぎつりばり作戦についてまとめなさい」
(3)同様に枠に書きこませていきます
(4)「それぞれの戦いの勝者はどちらですか」
(5)「三回目の戦いについて、勝者を話し合いなさい」

第三時

(1)シート②を配布する
(2)「ガンとハヤブサについて調べなさい」
(3)「大造じいさんの心情が変化した文を書きなさい」
(4)「理由を（例）を参考に書きなさい」

第四時

(1)シート③を配布し、吹き出しを読ませる
(2)薄い文字をなぞらせ、教科書に線を引かせます
(3)他の場面の情景描写に線を引かせます
(4)「線を引いた文を、シートに書き写しなさい」
(5)「一番好きな情景描写を選び、理由を書きなさい」

第五時

(1)シート④を配布する
(2)「話の中で心に残った行動や態度を書きなさい」
(3)「理由を書き、物語の魅力を考えなさい」
(4)「例を参考に魅力をまとめた文章を書きなさい」
(5)グループで意見を交流させます

第六時

(1)シート⑤を配布し、薄い文字をなぞらせる
(2)「大造じいさんの変化を枠の中に書きなさい」
(3)「『大造じいさんとガン』の主題を書きなさい」
(4)グループで話し合わせる
（自分とは違う考えを一つ書かせる）

「解答モデル（解答例）」

シート①

(1)1回目 うなぎつりばり作戦
・えをすぐには飲みこまないで、まず、くちばしでいじょうがないか確かめてから飲みこむよう指導した。
・小さな頭の中にたいしたちえをもっているものだなと感嘆した。
2回目 タニシばらまき作戦
・タニシをたくさんばらまいて、ガンのお気に入りのえさ場にする。
・昨日までなかった小さな小屋に気付いて、ぬま地のずっと西側のはしに着陸した。
・広いぬま地の向こうをじっと見つめたまま、「ううん。」と、うなってしまった。
3回目 ガンおとり作戦
・大造じいさんになついたガンをおとりに使って、残雪の仲間をとらえる。
・やってきたハヤブサから仲間を救おうとした。
・強く心を打たれて、ただの鳥に対しているような気がしなかった。

(2)1回目 残雪
2回目 残雪
3回目 勝敗なし

(3)略

シート②

(1)ガン 全長七十センチメートルほど
落穂 草の種子 葉
現在は狩猟が禁止されている
ハヤブサ四十センチメートルほど
肉食（特に小鳥を食べる）
河川や湖などの周辺に生息する

(2)二百三十三ページ六行目
が、なんと思ったか、再びじゅうを下ろしてしまいました。

(3)私は、二百三十三ページ六行目の「が、なんと思ったか、再びじゅうを下ろしてしまいました。」という文で、大造じいさんの残雪に対する心情が変化したと考える。なぜなら、仲間を助けようとする残雪を見て、簡単にうち落とすことができないと感じ、じゅうをおろしたと考えられるからだ。

(4)略

シート③

(1)一略
二（表現）あかつきの光が、小屋の中にすがすがしく流れこんできました。（心情）作戦がうまくいき、ガンの群れを捕らえることができそうで期待が高まっている。
三東の空が真っ赤に燃えて、朝が来ました。
今年は決着をつけると、気持ちが高まっている。

156ページに続く

大造じいさんとガン①

名前（　　　　　　　）

大造じいさんとガンの三回の戦いについて考えましょう。

(1) 三回の戦いについて表にまとめましょう。うすい文字はなぞりましょう。

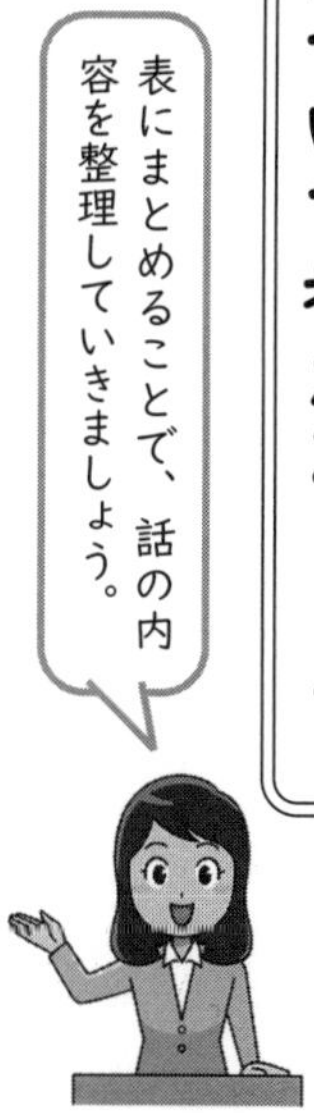

	一回目	二回目	三回目
	うなぎつりばり作戦		
作戦の内容	・ガンのえをあさる辺り一面にくいを打ちこんで、タニシを付けたウナギつりばりを、たたみ糸で結び付けておく。		
残雪の対応			
戦いの後の大造じいさんの行動や感じたこと			

(2) それぞれの戦いで、勝ったのはどちらでしょうか。

一回目

二回目

三回目

(3) 三回目の戦いはどちらが勝ったのか、話し合いましょう。

大造じいさんとガン②

名前（　　　　）

残雪とハヤブサの戦いについて考えましょう。

(1)「ガン」と「ハヤブサ」について調べましょう。

	ガン	ハヤブサ
大きさ		
食べ物		
その他		

(2) 残雪とハヤブサの戦いを見て、大造じいさんの残雪に対する心情が変化しています。どの文から変化したと考えますか。書き抜きましょう。

（　　）ページ（　　）行目

(3) (2)の文を選んだ理由を(例)を参考に書きましょう。

(例) 私は、○ページ○行目の「　　」という文で、大造じいさんの残雪に対する心情が変化したと考える。なぜなら、～だからだ。

(4) (3)で書いたことについて話し合いましょう。

大造じいさんとガン③

名前（　　　　　　　　）

情景をえがいた表現の効果について考えましょう。

(1) 場面ごとに情景をえがいた表現を見つけ、どんな心情が表されているのか考えましょう。うすい文字はなぞりましょう。

場面	情景をえがいた表現	大造じいさんの心情
一	秋の日が、美しくかがやいていました。	たくさんのガンが捕れると期待している。
二		
三		
四		

(2) 第一～第四の場面の中で、一番好きな表現をえらび、その理由を書きましょう。うすい文字はなぞりましょう。

わたしが一番好きな情景をえがいた表現は、場面の「　　」という表現だ。

なぜなら、

◎情景をえがいた表現の効果について考えることができました。

大造じいさんとガン④

名前（　　　　　　）

『大造じいさんとガン』のみりょくを考え、文章を書きましょう。

(1) 残雪や大造じいさんの行動や態度、言葉などから心に残ったことを一つ書きましょう。

(2) (1)で選んだ理由を書きましょう。

(3) (1)と(2)を組み合わせて、物語のみりょくを考えましょう。

(4) 物語のみりょくをまとめた文章を（例）を参考に書きましょう。

（例）この物語のみりょくは、～（(3)で書いたことを書く）だと考える。
一番好きな情景をえがいた表現は、「（シート③設問(2)で選んだ表現を書く）」だ。なぜなら、
～（シート③設問(2)で書いた理由を書く）だからだ。
この話を読んで、～（感想などを書く）と思った

大造じいさんとガン⑤

名前（　　　）

大造じいさんの変化を読み取り、主題を考えましょう。

⑴主題について知りましょう。うすい文字をなぞりましょう。

作品を通して伝えたいことは、主役の変化から考えられることが多い。

⑵大造じいさんの心情は、最初と最後でどのように変化しましたか。
また、大造じいさんを変化させたもの（こと）は何でしょうか。

最初

最後

大造じいさんを変化させたもの（こと）

⑶『大造じいさんとガン』の主題を⑵で書いたことを参考に考えましょう。

⑷⑶のように考えた理由を書きましょう。うすい文字はなぞりましょう。

私は、『大造じいさんとガン』の主題は「　　」だと考える。なぜなら、

⑸グループや全体で、『大造じいさんとガン』の主題について話し合いましょう。
自分とは違う考えを、一つ書きましょう。

帰り道

森　絵都／作　スカイエマ／絵

五時間計画

分析の視点
登場人物
クライマックス

準備物
特になし

指導計画

第一時　範読・音読
第二時　登場人物の検討、意味調べ
第三時　二人の感じ方を考える（シート①）
第四時　二人の人物像を考える（シート②）
第五時　クライマックスを検討する（シート③）

各時間の指導略案（主な指示・発問・説明）

第三時

(1)シート①を配布する
(2)場面分けをする（以下の通り）
律・放課後の～　・今日の昼休み～　・返事をしない～　・市立公園～　・単純すぎる～
周也・何もなかった～　・昼休み～　・この前～
（周也が一人でしゃべりつづけている時に戻る）
・無言のまま歩道橋を～　・なんだ、～
・はっとしたのは～
(3)「周也が一人で話しかけている時の律のとらえ方や心情を、二つ、表に書きなさい」
(4)同様にして他の枠にも書かせます
(5)「共通点と異なる点を書きなさい」

第四時

(1)シート②を配布する
(2)「律と周也の人物像が分かる文に線を引きなさい」
（例）ぼくだけが、あのことを引きずっている～
(3)「律と周也はどのような人物でしょうか」
（例示をするため、事前に「人物像　表す言葉」で検索しておきます「芯が強い」「控え目」など）
(4)「律と周也どちらかを選び、理由を書きなさい」
(5)「グループで発表しなさい」

第五時

(1)シート③を配布し、吹き出しを読ませる
(2)「律と周也がすれ違うきっかけとなった出来事、また、元に戻るきっかけとなった出来事を書きなさい」
(3)「律、周也どちらかを選び、なぜ②の文を選んだのか、例を参考に書きなさい」
(4)同じ登場人物を選んだ児童同士でグループをつくります
(5)「クライマックスについて話し合いなさい」

「解答モデル（解答例）」シート①

(1)「律」

周也が一人でしゃべり続けている時
今日のぼくにはついていけない。ぼくだけがあのことを引きずっているみたいで、一歩前を行く紺色のパーカーが、どんどんにくらしく見えてくる。

昼休みの出来事
そのテンポに、ぼくだけついていけなかった。先のとがったするどいものが、みぞおちの辺りにずきっとささった。

二人ともだまりこんでしまった時
どうして、ぼく、すぐに立ち止まっちゃうんだろう。思っていることが、なんで言えないんだろう。

天気雨に降られた時
空一面からシャワーの水が降ってきた。気がつくと、みぞおちの異物が消えていた。

雨が上がり、二人で歩き始めた時
今、言わなきゃ、きっと二度と言えない。分かってもらえた気がした。

「周也」

周也が一人でしゃべり続けている時
何もなかったみたいにふるまえば、何もなかったことになる。やっぱり、律はおこってるんだ。

昼休みの出来事
軽くつっこんだつもりが、律の顔を見て、重くひびいてしまったのが分かった。まずい、と思うも、もうおそい。

二人ともだまりこんでしまった時
何も言えない。言葉が出ない。あわてるほどにぼくの口は動かなくなって、逆に、足は律からにげるようにスピードを増していく。

天気雨に降られた時
ぼくがむだに放っていた球の逆襲。律もいっしょに笑ってくれたのがうれしくて、ぼくはことさらに大声をはり上げた。

雨が上がり、二人で歩き始めた時
こんなときにかぎって口が動かず、できたのはだまってうなずくだけ。でも、ぼくは初めて、律の言葉をちゃんと受け止められたのかもしれない。

(2)
共通点
・お互いの性格をうらやましく思っていること。
異なる点
・テンポよくすごしたり、マイペースに過ごしたりする性格。

156ページに続く

帰り道①

名前（　　　　）

「律」と「周也」の感じ方の共通点や異なる点を考えましょう。

(1) 出来事について、二人のとらえ方や心情を、表にまとめましょう。

場面	周也が一人でしゃべり続けている時	昼休みの出来事	二人ともだまりこんでしまった時	天気雨に降られた時	雨が上がり、二人で歩き始めた時
「律」					
「周也」					

(2) 共通点と、異なる点は何でしょうか。

共通点

異なる点

帰り道②

名前（　　　　）

「律」と「周也」の人物像を考えましょう。

(1)「律」と「周也」の人物像が分かる文に線を引きましょう。

(2)「律」と「周也」はどのような人物でしょうか。

律

周也

(3)「律」「周也」のどちらかを選び、(2)のように考えた理由を、(例)を参考に書きましょう。

(例) 私は（律／周也）は～、（(2)で書いたことを書く）人物だと考える。なぜか。

第一に、○ページ○行目に～と書かれている。つまり、～だ。

第二に、○ページ○行目に～と書かれている。つまり、～だ。

第三に、○ページ○行目に～と書かれている。つまり、～だ。

よって、（律／周也）は、（(2)で書いたことを書く）人物だと考えるのである。

◎「律」と「周也」の人物像を考えることができました。

帰り道③

名前（　　　　　　　　）

クライマックスについて考えましょう。

(1) 「律」と「周也」がすれ違うきっかけとなった出来事は何ですか。また、元にもどるきっかけとなった出来事は何ですか。

すれ違うきっかけ

元にもどるきっかけ

クライマックスとは、話が一番盛り上がるところです。「律」と「周也」の仲が元にもどるところを考えてみましょう。

(2) 「律」と「周也」の仲が元にもどった一文はどこですか。1、2でそれぞれ書きましょう。

1

2

(3) 1、2どちらかを選び、(2)のように考えた理由を、(例)を参考に書きましょう。

(例) 私は、二人の仲が元にもどった一文は「～（(2)で書いた文を書く）」だと考える。なぜか。

第一に、〇ページ〇行目に～と書かれている。つまり、～だ。

第二に、〇ページ〇行目に～と書かれている。つまり、～だ。

第三に、〇ページ〇行目に～と書かれている。つまり、～だ。

よって、二人の仲が元にもどった一文は「～（(2)で書いた文を書く）」だと考えるのである。

やまなし　七時間計画

宮沢　賢治／作　かすや　昌宏／絵

分析の視点
対比
色のイメージ
象徴

準備物
画像「幻灯、幻灯機、やまなし」
詩「雨ニモマケズ」

指導計画

第一時　範読・音読、意味調べ
第二時　感想や疑問点をノートに書く
第三時　スクリーンの位置の検討（シート①）
第四時　谷川の深さの検討（シート②）
第五時　五月と十二月の対比（シート③）
第六時　色のイメージの検討（シート④）
第七時　「やまなし」の意味の検討（シート⑤）

各時間の指導略案（主な指示・発問・説明）

第三時

(1)シート①を配布する
(2)「前書きと後書きを書き写しなさい」
(3)「幻灯とは何ですか。辞書で調べなさい」スライド
(4)「幻灯を写すためのスクリーンはどこにありますか。作者、幻灯機、スクリーンの位置をかきなさい」
(5)「グループで話し合いをしなさい」

第四時

(1)シート②を配布する
(2)「谷川について分かることを箇条書きしなさい」
(3)「谷川にいるのはサワガニです。大人でも5cmぐらいです。子供のサワガニは小指の爪ぐらいの大きさです」
(4)「谷川の深さはどれぐらいだと考えますか」
(5)「グループで話し合いなさい」
(6)「谷川の世界を表す言葉を教科書から探して書きなさい」

第五時

(1)シート③を配布し、吹き出しを読ませる
(2)「五月と十二月で対比されているものを書きなさい」
(3)「書いたものを発表しなさい」
(4)「全体として、五月、十二月はどんなイメージだと考えますか。理由も書きなさい」
(5)「グループで話し合いなさい」

第六時

(1)「話に出てくる色を教科書から探して○で囲みなさい」
(2)「隣同士で確認しなさい」
(3)シート④を配布する
(4)「色と何を表しているかをシートに書きなさい」
(5)「色を三つのイメージで分けなさい」
(6)「一番良い、一番悪いイメージの色はなんですか」

第七時

(1)シート⑤を配布し、吹き出しを読ませる
(2)「『かにの兄弟』などは何の象徴でしょうか」
(3)「作者が『やまなし』を題名にした理由を書きなさい」
(4)「『やまなし』の主題を書きなさい」

「解答モデル（解答例）」

シート①

(1)小さな谷川の底を写した、二枚の青い幻灯です。私の幻灯は、これでおしまいであります。
(2)スライド
(3)絵

理由　作者が、スクリーンの横に立って、話をしていると考えたから。「私の幻灯は」と書かれているので、作者が想像しているのではないかと考えたから。
(4)略

シート②

(1)・底は青白い水・魚が泳いでいる・クラムボンがいる　など
(2)三十センチメートル
(3)かわせみなどの鳥が魚を取って食べるには川は浅くなければ取れないから。
(4)天井　上（かみ）　下（しも）

シート③

(1)日光⇕月光　暗い⇕明るい　青白い水の底⇕冷たい水の底　小さなかにの兄弟⇕成長したかにの兄弟　かわせみ⇕やまなし　死⇕生
②五月　死
十二月　生
③五月には、殺されたや暗いなど死に関する表現がされていて、十二月は暗い表現はなく、カニの親子がおだやかに生活しているから。

シート④

(1)青　幻灯、青白い　水の底、青　上の方や横の方、銀　魚の腹、黄金　日光、白　岩、黄金　光、鉄色　魚、黒　魚のかげ、白　あわ、青光り　かわせみ、青　かわせみ、黒　かわせみのくちばしの先、白　魚の腹、青　かわせみ、黄金　光、青　かわせみ、黒　くちばしの先、赤　かわせみの目、白　かばの花びら、白　丸石、青白い　波、黒　やまなし、黄金　やまなしのぶち、黒　かにの親子のかげ法師、青　天井の波、青白い　波
(2)良いイメージ・黄金・白い・青白い
どちらとも言えないイメージ・銀の色・鉄色
悪いイメージ
・青・黒・赤
(3)一番良い・黄金　一番悪い・赤

157ページに続く

やまなし①

名前（　　　　）

スクリーンの位置について考えましょう。

(1) 前書きと後書きを視写しましょう。

前書き

後書き

(2) 「幻灯」とは、今でいう何になりますか。

(3) 幻灯を写すためには、スクリーンが必要です。スクリーンの位置はどこですか。
作者、幻灯機、スクリーンの位置関係を絵で表しましょう。

理由

(4) スクリーンの位置について話し合いましょう。また、自分とは違う考え（絵）を書きましょう。

◎スクリーンの位置について考えることができました。

やまなし②

名前（　　　　）

谷川の様子について考えましょう。

(1) 谷川について分かることをかじょう書きしましょう。うすい文字はなぞりましょう。

・小さな谷川である

・かにの親子がくらしている

(2) 谷川の深さはどれぐらいでしょうか。「何センチメートル、もしくは何メートルぐらい」のように書きましょう。

(3) (2)のように考えた理由を書きましょう。

(4) 作者は谷川の世界を様々な言葉で表現しています。うすい文字をなぞりましょう。また、「天井」「上（かみ）」「下（しも）」を（　）の中に書きましょう。

水面　（　　　　）

上（うえ）

（　　　　）←（　　　　）

横　水の流れ　横

川底　下（した）

◎谷川のようすについて考えることができました。

やまなし③

名前（　　　　）

五月と十二月を対比しましょう。

(1) 五月と十二月で対比されているものを書きましょう。うすい文字は、なぞりましょう。

五月	日光
十二月	月光

(2) 五月、十二月はそれぞれどんなイメージでしょうか。

五月

十二月

(3) (2)のように考えた理由を書きましょう。

◎五月と十二月を対比することができました。

やまなし④

名前（　　　　　）

『やまなし』に出てくる色について考えましょう。

(1) どんな色で何が表現されているか書き出しましょう。うすい文字はなぞりましょう。

色	何の色か
青	幻灯

(2) (1)で書いた色を、次のイメージの色で分けましょう。

・良いイメージで使われている色
・どちらともいえないイメージの色
・悪いイメージで使われている色

	良いイメージ	どちらともいえないイメージ	悪いイメージ
色			

(3) 一番良いイメージで使われている色、一番悪いイメージで使われている色を書きましょう。

良い（　　　　）

悪い（　　　　）

やまなし⑤

名前（　　　　）

なぜ『やまなし』という題名なのか考えましょう。

(1) 象徴とは、次のように定義されます。うすい文字をなぞりましょう。

言葉のもつ別の意味。シンボル。(例)はとは平和の象徴

(2) 次のものは、何の象徴でしょうか。

かにの兄弟

クラムボン

魚

かわせみ

やまなし

(3) 宮沢賢治がなぜ『やまなし』を題名にしたのか、対比（シート③）色のイメージ（シート④）や象徴をもとに考えましょう。

(4) 『やまなし』の主題（作品が伝えたいこと）は何でしょうか。

◎なぜ『やまなし』という題名なのか考えることができました。

海の命

立松　和平／作　伊勢　英子／絵

六時間計画

分析の視点
クライマックス
色のイメージ

準備物
画像　クエ
本　『山のいのち』など

指導計画

第一時　範読・音読
第二時　意味調べ、相関図作成（シート①）
第三時　テーマを決めて話し合い（シート②）
第四時　クライマックスの検討（シート③）
第五時　色の検討（シート④）
第六時　「海の命」の伝えたいことを考える（シート⑤）

各時間の指導略案（主な指示・発問・説明）

第二時

(1)シート①を配布する
(2)「意味調べをしなさい」
(3)「登場人物をすべて書きなさい」
(4)「登場人物が太一とどのように関わっているのか考え、相関図を書きなさい」

第三時

(1)シート②を配布する
(2)「『海の命』を読んで、疑問に思ったことや話し合いたいことを箇条書きしなさい」
(3)発表させ、テーマを決めます（一つに絞り全員で考えさせてもよいし、テーマごとにグループを作り、話し合わせてもよいです）
(4)「テーマに対する自分の考えを書きなさい」

第四時

(1)シート③を配布する
(2)「太一の心情が変化したのは何場面ですか」
(3)「どのように変化したのか、枠に書きなさい」
(4)「心情が変化した一文を書き抜きなさい」
(5)「理由を（例）を参考に書きなさい」

第五時

(1)「『海の命』で出てくる色を教科書から探して、○で囲みなさい」
(2)シート④を配布する。
(3)「枠内に、色についてまとめなさい」
(4)「一番重要な色について、考えを書きなさい」

第六時

(1)シート⑤を配布する
(2)「クエと対峙した時、太一と父はそれぞれどうしたのか書きなさい」
(3)「なぜ太一は、クエを殺さなかったのでしょう」
(4)「『海の命』の伝えたいことを書きなさい」

「解答モデル（解答例）」

シート①

(1)略
(2)太一、父、仲間の漁師、与吉じいさ、瀬の主（クエ）、母
(3)

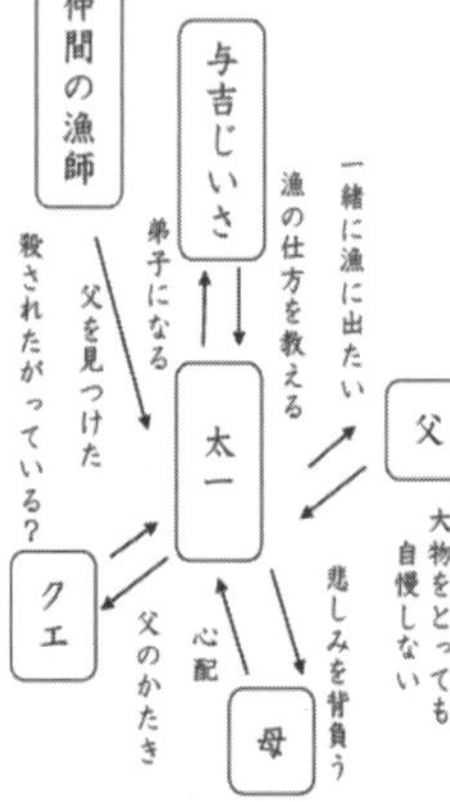

シート②

(1)
・父が死んでしまった太一は何を思っていたのだろう。
・太一は父が死んでしまった海が怖くなかったのか。
(2)なぜ太一は、無理やり与吉じいさの弟子になったのか。
(3)私は、与吉じいさが父の次にすごい漁師であったからだと考える。なぜか。
第一に、二百二十一ページ三行目に「瀬に着くや、小イワシをつり針にかけて水に投げる」と書かれている。この文から、与吉じいさが長いこと漁をしており、技術があると考えた。

第二に、二百二十一ページ六行目に「五十センチもあるタイが上がってきた」と書かれている。この文から、たった一回でそれだけの大物を釣れるということは漁師としてすごい力をもっていると考えた。

第三に、二百二十二ページ二行目に「季節によって、タイがイサキになったりブリになったりした」と書かれている。つまり、どんな魚でさえ簡単に捕ってしまうほどの漁師であるということだ。

よって、私は、与吉じいさが父の次にすごい漁師であったからだと考えるのである。

シート③

(1)第五場面
(2)最初
・クエ（瀬の主）を殺そうと思っていた。
最後
・クエ（瀬の主）を殺そうと思わなくなった。
太一を変化させたもの（こと）
・自分に殺されたがっていると感じさせるほどクエが動かなかった。
(3)この大魚は自分に～思ったほどだった。
水の中で太一は～あぶくを出した。

「おとう、ここに～来ますから。」など

157ページに続く

海の命①

名前（　　　　　　　　）

登場人物と太一との関係について考えましょう。

(1) 言葉の意味調べをしましょう。うすい文字はなぞりましょう。

(例) 引き潮	海面が低くなること。沖の方へ引いていく潮。

(2) 登場人物をすべて書きましょう。

(3) 登場人物が太一とどのように関わっているのか考え、相関図を作りましょう。うすい文字はなぞりましょう。

与吉じいさ → 漁の仕方を教える → 太一

太一 → 弟子になる → 与吉じいさ

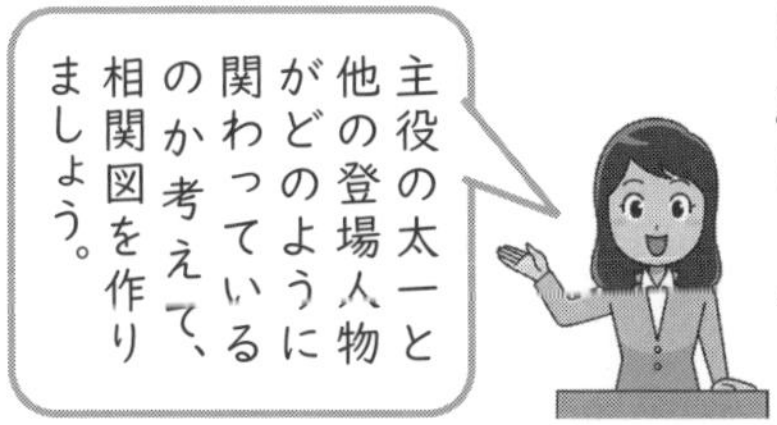

◎登場人物と太一との関係について考えることができました。

海の命②

名前（　　　）

テーマを決めて、話し合いをしましょう。

(1)『海の命』を読んで疑問に思ったことや話し合いたいことを考え、箇条書きしましょう。

(例)　なぜ太一は、無理やり与吉じいさの弟子になったのか。

(2)話し合うテーマを一つ決めましょう。

(3)テーマに対する考えを、(例)を参考に書きましょう。

(例)　私は、～だと考える。なぜか。
第一に、○ページ○行目に～と書かれている。この文から、～と考えた。
第二に、○ページ○行目に～と書かれている。この文から、～と考えた。
第三に、○ページ○行目に～と書かれている。つまり、～ということだ。
よって、私は、～だと考えるのである。

(4)グループやクラス全体で話し合いましょう。

海の命③

名前（　　　　）

クライマックスについて考えましょう。

(1) 太一のクエに対する心情が変化したのは第何場面ですか。

第　　場面

クライマックスとは、話が一番盛り上がるところです。太一のクエに対する心情が変化した場面と文を考えてみましょう。

(2) 太一の心情はどのように変化したでしょうか。

最初

最後

太一を変化させたもの（こと）

(3) 心情が変化した一文を書き抜きましょう。

(4) (3)のように考えた理由を（例）を参考に書きましょう。

（例）私は、太一のクエに対する心情が変化した一文は「～（(3)で書いた文を書く）」だと考える。なぜか。

第一に、○ページ○行目に～と書かれている。つまり、～だ。

（以下、第二に、～、第三に、～　と続けて書く）

よって、太一のクエに対する心情が変化した一文は「～（(3)で書いた文を書く）」だと考えるのである。

(5) グループやクラス全体で話し合いましょう。

海の命④

名前（　　　　）

『海の命』で使われている「色」について考えましょう。

(1) 『海の命』の中で使われている「色」について、表にまとめましょう。
うすい文字はなぞりましょう。

もの	色
クエの目	光る緑色

(2) 『海の命』の中で、一番重要な色は何でしょうか。（例）を参考に書きましょう。

（例）私は、『海の命』の中で、一番重要な色は、～だと考える。なぜか。
第一に～（理由を書く）からだ。～（その理由について、くわしく書く）。
（以下、第二に、～、第三に、～　と続けて書く）
よって、私は、『海の命』の中で、一番重要な色は、～だと考えるのである。

(3) グループやクラス全体で話し合いましょう。

海の命⑤

名前（　　　　）

『海の命』が伝えたいことを考えましょう。

(1) クエと出会った時、太一の父と太一はそれぞれどうしましたか。

太一の父

太一

(2) なぜ太一はクエを殺さなかったのでしょうか。

(3) 『海の命』が伝えたいことは何でしょうか。

(4) (3)のように考えた理由と、それに対する自分の考えを(例)を参考に書きましょう。

(例) 私は、『海の命』が伝えたいことは～であると考える。なぜなら、～だからだ。私は、この伝えたいことに対して、～だと考えた。これから～いきたいと思う。

スイミー

シート④

(1) **はじめ**　・まぐろからにげ出した。

さいご　・まぐろをおい出した。

スイミーをかえたもの（こと）

・スイミーとそっくりな小さな魚のきょうだいたちと出会ったこと。

(2) お話のはじめ、スイミーはまぐろからにげましたが、お話のさいごには、まぐろをおい出しました。スイミーは、スイミーとそっくりな小さな魚のきょうだいたちと出会ったことで、かわりました。

シート⑤

(1) 小さな魚のきょうだいたちと力を合わせて、まぐろをおい出す話。

(2) 小さな魚のきょうだいと一ぴきの大きな魚のふりをしたこと。

(3) 『スイミー』には、スイミー、小さな魚のきょうだいたち、まぐろなどが出てきます。

このお話は、スイミーが小さな魚のきょうだいたちと力を合わせて、大きな魚をおい出すお話です。

わたしは、『スイミー』を読んで、小さな魚のきょうだいたちと一ぴきの大きな魚のふりをしておよいでいるところがおもしろいと思いました。

スーホの白い馬

シート③続き

白馬がにげ出す

①白馬がはね上がって、とのさまがころげおちた。

②家来たちが白馬をおいかけて、矢をはなった。

①今ならにげられるかもしれない。

②追いつかないからころしてしまえ。

白馬が帰ってくる

①スーホが白馬のところまでかけていった。

②スーホがはを食いしばりながら白馬の矢を抜いた。

①あの白馬が本当に帰ってきたのか。

②ひっしににげてきたんだね。しなないで。

馬頭琴を作る

①白馬が夢の中でスーホに楽器を作るようにお願いした。

②スーホが白馬の皮や骨で楽器を作った。

①わたしを楽器として、ずっとそばにいさせてください。

②これからもずっといっしょだよ。

シート④

(1) 略

(2) 三十七

(3) わたしは、『スーホの白い馬』のクライマックスは三十七だんらくだと考えます。

だい一に、スーホが白馬のゆめをみたからです。

だい二に、スーホは白馬のゆめを見て、楽器を作ろうと思ったからです。

だい三に、三十七だんらくより後ろのお話はとても明るい感じがするからです。

よって、わたしは、『スーホの白い馬』のクライマックスは三十七だんらくだと考えるのです。

シート⑤

(1) よいことだった。

(2) わたしは、白馬がスーホのもとに帰ってきたことはよいことだったと考えます。

だい一に、スーホは白馬のことを兄弟のように思っていたから、近くにいたいと考えていたと思うからです。

だい二に、「ずっとそばにいるからね」という白馬との約束をはたせると思ったからです。

だい三に、帰ってこなければ、白馬の夢を見ることができなかったからです。

よって、わたしは、白馬がスーホのもとに帰ってきたことはよいことだったと考えるのです。

(3) 略

まいごのかぎ

シート④

命をふきこむ

(1) 鉛筆　作文や絵を書き出す

リコーダー　曲を演奏し出す

ボール　あたりをはね回る

やかん　氷を作る

(2) リコーダー

(3) リクエストした曲を演奏してくれる。歌うと合わせて伴奏してくれる。

シート⑤

(1) リコーダー　曲を演奏し出す

(2) 『まいごのかぎ』は、りいこがいろいろなところにかぎをさすことによって、ふしぎなことがおこる話です。

たとえば、ベンチがのそのそと歩き出し、公園のまん中の日だまりにねそべり、ねいきを立てはじめます。わたしはこのかぎに、命をふきこむかぎという名前を付けました。

わたしがこのかぎを手に入れたら、リコーダーにさしたいです。

きっとリコーダーは、曲を演奏し出すと思います。

わたしは、こんなかぎがあったらいろいろなものにさして命をふきこんでみたいと思います。

ちいちゃんのかげおくり

シート④

(1)

・ちいちゃんが一人でかげおくりをしたところは、小さな公園になっている。

・お兄ちゃんやちいちゃんぐらいの子どもたちが、きらきらわらい声を上げて、遊んでいる。

(2) 戦争が終わり平和になったから

(3) 四　きらきらわらいだしました

五　きらきらわらい声を上げて

(4)第五場面があることで、戦争が終わって平和になったことがわかる。平和になったことが書かれていることで、戦争の悲惨さがより伝わってくる。

シート⑤

(1)かなしい

(2)わたしは、『ちいちゃんのかげおくり』は、かなしい話だと考える。

なぜか。

第一に、戦争の悲惨さが物語から伝わってくるからだ。

第二に、ちいちゃんが戦争によって家族をなくしてしまっているからだ。

第三に、ちいちゃんも最後は死んでしまうからだ。

このような理由から、わたしは、『ちいちゃんのかげおくり』は、かなしい話だと考えるのである。

三年とうげ

シート④続き

『三年とうげ』は、おじいさんが三年とうげで何度も転び、長生きした話です。私が一番おもしろいと思ったところは、七十五ページ十行目から、七十五ページ十二行目の「もう、わしの病気はなおった。～わらいました。というところです。なぜなら、三年とうげで転んで病気になったおじいさんが、自分から何度も転んで元気になっているからです。

シート⑤

わたしがしょうかいするお話は、『ももたろう』です。ももから生まれたももたろうが、犬、さる、きじを連れておにをたいじしに行くお話です。

わたしが一番おもしろいと思ったところは、動物たちがきびだんごをもらうことで、ももたろうについて行くところです。三匹ともきびだんごをもらっただけで仲間になるなんて、不思議だとおもいました。

みなさんも、ぜひ読んでみてください。

モチモチの木

シート④

(1)シート②設問(2)と同じ

(2)わたしは、豆太は勇気のある子になれたと考える。

なぜか。

第一に、百二十八ページ七行目に「医者様をよばなくっちゃ。」と書かれている。つまり、勇気を出して行動したということだ。

第二に、百三十ページ六行目に「モチモチの木に、灯がついている。」と書かれている。つまり、勇気がある子にした見えない灯が見られたということだ。

第三に、百三十二ページ十二行目に「お前は、一人で、夜道を～」と書かれている。つまり、じさまも豆太が勇気のある子だと認めたということだ。

よって、わたしは、豆太は勇気のある子になれたと考えるのである

シート⑤

(1)「ま、豆太、心配すんな。じさまは、じさまは、ちょっとはらがいてえだけだ。」

(2)まくら元で、くまみたいに体を丸めてうなっていたのは、じさまだった。ころりとたたみに転げると、歯を食いしばって、ますますすごくうなるだけだ。

(3)わたしは、じさまのはらいたは、うそだったと考える。なぜか。

第一に、モチモチの木に灯がともる晩に突然腹痛を起こすなど不自然だからだ。

第二に、医者様が焦っていないからだ。

第三に、翌日、じさまがすべて見透かしたような言葉を言っているからだ。

よって、わたしは、じさまのはらいたは、うそだったと考えるのである。

白いぼうし

シート④

主役　雅幸君

登場人物　おじいさん、小人

あなに落ちる

小人たちの世界

怪物だと思われて小人たちからこうげきされてしまう。

あるじけんをきっかけに、ヒーローになる。

あなに落ちる

やさしくなる

シート⑤

あるところに、雅幸君という男の子が住んでいました。雅幸君は、乱暴な性格で友達に意地悪をすることがありました。その度に、おじいさんから次のように言われました。

「やさしい人が一番よいのじゃよ。」

ある日、雅幸君が公園で遊んでいると、大きなあなを見つけました。雅幸君は、足をすべらせてあなに落ちてしまいました。落ちた先は、小人の住む世界でした。小人たちは雅幸君のことを怪物だと思い、つかまえました。

次の日、大雨がふりました。雅幸君が目をさますと、小人たちが大さわぎ。何と、大雨で川の水があふれ、今にも小人たちが住む所へ水が流れてくるというのです。小人の長老が言いました。

「川の水を止めるには、大きな岩で道をふさぐしかない。でも、もう間に合わない。」

それを聞いた雅幸君は、大急ぎで立ち上がり、大きな岩を持って走り出しました。それを見た小人たちは、応援しました。雅幸君は見事に岩で道をふさぎ、小人たちを助けました。

ヒーローになった雅幸君でしたが、足をすべらせてあなに落ちてしまいました。するとそこは、もとの世界でした。その日から雅幸君は、みんなにやさしくなりました。

一つの花

シート④

（1）略

（2）ゆみ子　もっとちょうだいという意味。
お母さん　あと一つだけあげるという意味。

（3）貧しい世の中から幸せな世の中に変わったから。

（4）私は、作者が「一つだけ」という言葉に平和になってほしいという思いをこめていると思います。なぜなら、最初は「一つだけ」で始まった話が、最後には「一つだけ」という言葉が出ずに、幸せになっているからです。

シート⑤

（1）

	主役	時代	出来事	結末
ちいちゃんのかげおくり	ちいちゃん	戦争のころ	ちいちゃんが、お父さんにかげおくりを教えてもらうが、戦争ではなればなれになってしまい、死んでしまう。	子どもたちがわらい声を上げて遊んでいる。
一つの花	ゆみ子	戦争のはげしかったころ	「一つだけ」が口ぐせだったゆみ子が、戦争に行くお父さんから一輪のコスモスをもらう。	ゆみ子とお母さんが幸せにくらしている。

（2）『ちいちゃんのかげおくり』と『一つの花』を比べる。まず、似ていることは三つある。一つ目は主役が小さな女の子ということだ。二つ目は、時代が戦争のころということだ。三つ目は、二つとも家ぞくとはなればなれになってしまうということだ。次に、ちがうところは、一つある。『ちいちゃんのかげおくり』は、最後にちいちゃんが死んでしまうが、『一つの花』は、幸せにくらしていることだ。わたしは、この二つの作品から、家ぞくは大切だということを学んだ。これから家族を大切にしていきたいと考える。

ごんぎつね

シート④

（1）**最初**　いたずらをしてやろうという気持ち
最後　兵十にいたずらのつぐないをしようという気持ち
ごんをかえたもの　兵十のおっかあが死に、兵十の元気がなくなったこと

（2）3場面（2場面の最後とも考えられるので、意見が分かれたら話し合い活動につなげましょう）

（3）わたしは、第3場面でごんの気持ちは変化したと考える。なぜか。
第一に、二十ページ十四行目に「おれと同じ、ひとりぼっちの兵十か。」と書かれているからだ。つまり、ごんが兵十の気持ちを考えているということだ。

第二に、二十二ページ四行目に「ごんは、うなぎのつぐないに、まず一つ、いいことをしたと思いました。」と書かれているからだ。つまり、いたずらからつぐないに変わったということだ。

第三に、二十三ページ六行目に「次の日も、その次の日も、ごんは、くりを拾っては兵十のうちへ持ってきてやりました。」と書かれているからだ。つまり、ぬすみをせずに、自分で拾ってきたものを兵十の家へ持っていっているということだ。

よって、わたしは、3場面でごんの気持ちは変化したと考える。

シート⑤

（1）またいたずらをしにきたな。

（2）一番目　うちの中　二番目　土間　三番目　くり

（3）いたずらをされたものがないか。

（4）「おや。」と、兵十はびっくりして、ごんに目を落としました。

（5）兵十はかけよってきました。

（6）ごんがまだ生きていることが分かるようにするため。

プラタナスの木

シート③続き

（3）私は話の中で一番重要な変化はプラタナスの木があるプラタナスの木がないだと考える。なぜか。
第一に、物語の題名が『プラタナスの木』だからだ。

第二に、プラタナスの木があれば、またおじいさんに会えるからだ。

第三に、プラタナスの木があったことで、木や根の大切さをマーチンたちが知ったからだ。

よって私は、話の中で一番重要な変化はプラタナスの木がある、プラタナスの木がないだと考える。

シート④

（1）略

（2）略

（3）**最初**　サッカーに熱中してプラタナス公園で遊ぶプラタナスの木にあまり関心がない
最後　木の大切さを知り、プラタナスの木のことを考える。
マーチンを変化させたもの　おじいさんの言葉

（4）自然を大切にするべきだ。

（5）わたしは、『プラタナスの木』の主題は「自然を大切にするべきだ。」だと考える。なぜなら、おじいさんの言葉で、マーチンが木や根の大切さに気付くことができたからである。

シート⑤

（1）せいの高い花島君を真ん中にして、両手を広げてプラタナスの切りかぶに乗っていると、みんなが木のみきや枝になったみたいだ。

（2）みんなが同じ気持ちで、プラタナスの木の代わりに公園を守ろうとしていて感動したから。

（3）『プラタナスの木』を読んで、一番心に残った文は

「せいの高い花島君を真ん中にして、両手を広げてプラタナスの切りかぶに乗っていると、みんなが木のみきや枝になったみたいだ。」だ。なぜなら、みんなが同じ気持ちで、プラタナスの木の代わりに公園を守ろうとしていて感動したからだ。

この話は最初と最後で様々なことが変化する。わたしは、プラタナスの木がある、プラタナスの木がないが一番重要だと考える。

また、『プラタナスの木』の主題は自然を大切にするべきだ、だと考える。

私は『プラタナスの木』を読んで、わたしのおばあちゃんの家の近くの森に行ってみたいと思った。

初雪のふる日

シート③

(1)百二十二ページ八行目
バスのていりゅう所の辺りまで来たとき、ほろほろと雪がふり始めました。
(2)雪が不思議な世界への合図だと思うから。
(3)百三十三ページ一行目
この歌に合わせてとびながら、女の子は、花のにおいをかいだような気がしました。
(4)冬から春に変わった感じがしたから。

シート④

(1)略
(2)女の子がうつむいた。　寒くて手がかじかむ。
この花の色は、ほんのり赤い。
(3)
Bは、たくさん雪がふるのではなく、少しずつ雪がふっている感じがする。

Bは、たくさん雪がふっている感じがする。

シート⑤

わたしは『初雪のふる日』はこわい話だと考える。特に心に残った文は、第四場面の「が、うさぎの歌声はどんどん大きくなり～よもぎのおまじないを唱えることができないのでした。」だ。その文から、おまじないを知っていてもぬけ出せないのではないかと感じた。

女の子が不思議な世界に入ったのは「バスのていりゅうじょ～降り始めました。」と言う文で、元の世界に戻ったのは、「この歌に～気がしました。」という文だと考える。

この話には、雪のふり方を表す様々な表現が出てくる。例えば「雪がふり始めました。」と「ほろほろと雪がふり始めました。」では、「ほろほろ」という言葉が、たくさん雪がふるのではなく、少しずつ雪がふっているように感じる。

学習を終えてわたしは、物語は読んでいる人を楽しませるために書き方が工夫されているのだと思った。

なまえつけてよ

シート②続き

(2)**春花**
1日目　子馬の名前つけてよと言われ、一生りんめい考える春花。
2日目　子馬の名前をつけられなかったが、明るい声で答える春花。
3日目　すれちがうとき、紙で折った小さな馬を勇太からわたされた春花。
勇太
1日目　春花にきかれても目を合わせず、ただ足元を見ている勇太。
2日目　子馬の名前をつけられなくなった春花に、何も言わない勇太。
3日目　すれちがうとき、紙で折った小さな馬を春花にわたす勇太。
(3)**春花**　最初　関わりづらい→最後　優しい
勇太　最初　気まずい→最後　仲良くしたい

シート③

(1)3日目
(2)勇太って、こんなところがあるんだ。
(3)それまで知らなかった勇太の一面を、この文で知ったと考えたから。
(4)『なまえつけてよ』では、春花、勇太それぞれの心情が変化する。
春花は、勇太に対して、初めは関わりづらいと思っていたが、最後は、優しい一面があると思った。

勇太は、春花に対して、初めは気まずいと思っていたが、最後は、仲良くしたいと思った。

春花の心情が変化した一文は、二十六ページ十三行目「勇太って、こんなところがあるんだ。」だ。なぜなら、それまで春花が知らなかった勇太の一面を知ったからだ。

私は、この話を読んで、人を見かけですぐに判断しないようにすることが大切だと思った。

たずねびと

シート③

(1)**最初**　戦争についてあまり知らなかった。
最後　戦争について知り、平和の大切さを考え始めた。
(2)第七場面　原爆供養塔でおばあさんからアヤの話を聞いたこと。
(3)私は、綾の変化に一番えいきょうを与えたのは、第七場面の「原爆供養塔でおばあさんからアヤの話を聞いたこと。」だと考える。なぜか。
第一に、百十六ページ八行目に「何十年も、だれにもむかえに来てもらえないなんて、どうしてなんですか。」と書かれている。つまり、戦争がもたらしたことについて、もっと知りたいと感じているということだ。

第二に、百十七ページ六行目に「アヤちゃん、よかったねえ。もう一人のアヤちゃんがあなたに会いに来てくれたよ。」と書かれている。つまり、広島まで来たことに意味があったと感じているということだ。

第三に、百十七ページ十四行目に「わたしははずかしくなって下を向いてしまった。」と書かれている。つまり、興味本位で広島に来たことが、おばあさんにとっては大きな意味を持つことを感じたということだ。

よって、綾の変化に一番えいきょうを与えたのは、第七場面の「原爆供養塔でおばあさんからアヤの話を聞いたこと。」なのである。

シート④

(1) 略

(2) 略

(3) 戦争の恐ろしさと平和の大切さ

(4) 私は、『たずねびと』の主題は、「戦争の恐ろしさと平和の大切さ」だと考える。

第一に、この物語は戦争を題材にしているからだ。つまり、読者に戦争について考えてほしいという作者の願いが込められているということだ。

第二に、綾が物語を通して戦争について学んでいるからだ。つまり、読者は綾の視点に立って戦争について、少しずつ理解していけるようになっているということだ。

第三に、百十八ページ十四行目から百十九ページ三行目に「だけど、あの～かもしれない。」と書かれているからだ。つまり、戦争を二度と起こしてはならないという作者からのメッセージが綾のセリフに込められているということだ。

よって、『たずねびと』の主題は、「戦争の恐ろしさと平和の大切さ」なのである。

シート⑤

(1) 略

(2) わたしは「体験していないことが言葉で伝わるのか」というテーマに対し、心にひびく言葉を使えば伝わると考える。

まず、『たずねびと』を読んで、わたしは戦争はおそろしいものであると感じた。つまり、戦争を経験していなくても、話を聞いたり読んだりすることで伝わってきたということだ。

また、わたしは自分が行ったことのないところの話を聞いて、行ったような気持ちになったことがある。つまり、言葉によって想像をふくらませれば、伝わることもあるということだ。

よって、わたしは「体験していないことが言葉で伝わるのか」というテーマに対し、心にひびく言葉を使えば伝わると考えるのである。

大造じいさんとガン

シート③続き

四らんまんとさいたスモモの花が、その羽にふれて、雪のように清らかに、はらはらと散りました。

また冬に残雪がもどってくることを、楽しみに感じている。

(2) 私が一番好きな情景をえがいた表現は、四場面の「らんまんとさいたスモモの花が、その羽にふれて、雪のように清らかに、はらはらと散りました。」という表現だ。なぜなら、大造じいさんが再び残雪と再会することを楽しみにする気持ちが伝わってくるからだ。

シート④

(1) 大造じいさんと残雪が知恵を尽くして戦ったこと

(2) 互いの駆け引きが面白いと感じたから

(3) 大造じいさんと残雪が知恵を尽くして戦った際の駆け引き

(4) この物語のみりょくは、大造じいさんと残雪が知恵を尽くして戦った際の駆け引きだと考える。

一番好きな情景をえがいた表現は、「らんまんとさいたスモモの花が、その羽にふれて、雪のように清らかに、はらはらと散りました。」だ。なぜなら、大造じいさんが再び残雪と再会することを楽しみにする気持ちが伝わってくるからだ。

この話を読んで、正々堂々と戦うことが大切だと思った。

シート⑤

(1) 略

(2) **最初**　残雪をたかが鳥だと思っている

最後　残雪を英雄と見ている

大造じいさんを変化させたもの（こと）

残雪が仲間を守るために戦う姿

(3) 仲間のために自分が大切だと思ったことを貫く

(4) 私は、『大造じいさんとガン』の主題は、「仲間のために自分が大切だと思ったことを貫くこと」だと考える。なぜなら、残雪が仲間のガンを助けるために自分の身を犠牲にして行動したことが大造じいさんの心を動かしているからだ。

(5) 略

帰り道

シート②

(1) 略

(2) 「**律**」

・物事をその場ですぐに決められないが、じっくり考える。

「**周也**」

・おしゃべりが好きで、どんなことでもテンポよく決めていく。

(3) 「**律**」

私は、律は、物事をその場ですぐに決められないが、じっくり考える人物だと考える。なぜか。

第一に、二十ページ二行目に「『どっちかな。』とか『どっちもかな。』とか、一人でごにょごにょ言っていたら」と書かれている。つまり、すぐに物事を決められないということだ。

第二に、二十一ページ三行目にその「『こんな』をうまく言葉にできたなら」と書かれている。つまり、好きな理由を言葉にできないだけで、それぞれ好きな理由をきちんともっているということだ。

第三に、二十一ページ八行目に「考えるほどに、みぞおちの辺りが重くなる。」と書かれている。つまり、一つの物事を深く考えているということだ。よって、律は、物事をその場ですぐに決められないが、じっくり考える人物だと考えるのである。

シート③

(1) **すれ違うきっかけ**
・昼休みのどっちが好きという話。
元にもどるきっかけ
・天気雨が降って、いっしょに大笑いしたこと。

(2) 1ざざっと水が降ってきて、何かを洗い流した。
2「ぼく、晴れが好きだけど、たまには、雨も好きだ。ほんとに両方、好きなんだ。」

(3) 私は、二人の仲が元にもどった一文は「ざざっと水が降ってきて、何かを洗い流した。」だと考える。なぜか。
第一に、二十二ページ十一行目に「何かを洗い流した。」と書かれている。つまり、今までの気持ちが雨のおかげですっきりしたということだ。

第二に、二十二ページの十三行目に「みぞおちの異物が消えてきた。」と書かれている。つまり、周也に言われて気にしていたことが少しなくなって、いつもと同じような何でも話せる関係にもどったということだ。

第三に、二十四ページ四行目に「ぼく、晴れが好きだけど、たまには、雨も好きだ。」と書かれている。つまり、自分の思いをきちんと言葉にできるようになったということだ。

よって、二人の仲が元にもどった一文は「ざざっと水が降ってきて、何かを洗い流した。」だと考えるのである。

やまなし

シート⑤

(1) 略

(2) かにの兄弟　日常、クラムボン　生と死、魚　自由
かわせみ　恐怖、やまなし　幸運・自然のめぐみ

(3) やまなしは、自分を犠牲（木から落ちる）にしてかにの親子に幸せを与えた。自己犠牲、他者のために生きるということが何より大切であるということを宮沢賢治は伝えたかったと考えるから。

(4) ・生の中に死があり、死の中に生がある　・他者の幸せのために生きることが大切であること　・世の中は、怖いこともあるけれど、誰にでも幸運がおとずれるということ。

海の命

シート③続き

(4) 私は、太一がクエに対する心情が変化した一文は「この大魚は自分に殺されたがっているのだと、太一は思ったほどだった。」だと考える。なぜか。
第一に、二百二十八ページ九行目に「こんな感情になったのは初めてだ。」と書かれている。つまり、今までとは違う感情が生まれたことが分かるからだ。

第二に、二百二十八ページ十三行目に「ふっとほほえみ」と書かれている。つまり、おだやかな気持ちに変化したのだ。

第三に、二百二十九ページ二行目に「おとう、ここにおられたのですか。また会いに来ますから。」と書かれている。つまり、瀬の主に会うことで海で死んでしまった父を思い出すことができる喜びの気持ちをもったということだ。

よって、太一のクエに対する心情が変化した一文は「この大魚は自分に殺されたがっているのだと、太一は思ったほどだった。」だと考えるのである。

シート④

(1) クエの目　光る緑色、光　金色、クエの目　青（青い宝石）、水面　銀色、クエの目　青、クエのひとみ　黒、クエのくちびる　灰色、あぶく　銀

(2) 私は、『海の命』の中で、一番重要な色は青色だと考える。なぜか。
第一に、クライマックスの場面で太一が見つけた大魚の目が青色だからだ。クライマックスで出てきているので、大事な色だと考える。

第二に、目を見て太一はおだやかな気持ちになったからだ。心情が変化したきっかけの目だと考える。

第三に、父を殺したクエと違う目の色をしていたからだ。最初に出てきたクエの目の色は緑色だが後半の大魚は青色であり、大魚が悲しんでいることを表現していると考えるからだ。

よって、私は、『海の命』の中で、一番重要な色は青色だと考えるのである。

シート⑤

(1) 太一の父
・捕らえようともりを体につきさした。
太一
・殺そうとしたが、やめた。

(2) 海の命がクエ（大魚）だと思ったから。

(3) 人は何があっても自然への感謝の気持ちをもって生きていくことが大切である。

(4) 私は、『海の命』が伝えたいことは「人は何があっても自然への感謝の気持ちをもって生きていくことが大切である」だと考える。
なぜなら、物語の中で太一の父も与吉じいさも自然への感謝を表しているセリフがいくつもあり、このことを最後まで守った太一が物語の最後に幸せに暮らしているからだ。

私は、この伝えたいことに対して、その通りだと思うし、人が決して忘れてはならないことだと考えた。これから私も、自然の恵みに感謝して生活していきたいと思う。

〈著者紹介〉

保坂雅幸（ほさか　まさゆき）

1980年　東京都生まれ
現在　武蔵野市立第一小学校　主幹教諭
TOSS立川教育サークル代表
TOSS青梅教育サークル所属

【共編著】
新道徳授業が10倍イキイキ！対話型ワークシート題材70―全単元評価語一覧付き
村野　聡／保坂雅幸　学芸みらい社

解答モデル（解答例）執筆者
1年　保坂雅幸
2年　田中悠貴
3年　植木和樹
4年　小島庸平
5年　植木和樹
6年　田中悠貴
いずれも東京都公立小学校教員

光村教科書の時短授業が実現！
物語を楽しく深く読む！
新国語ワークシート27
―読解技法による文学の授業＝全学年・全単元収録―

二〇二一年五月一五日　初版発行
二〇二三年六月二〇日　第三版発行

著　者　保坂雅幸
発行者　小島直人
発行所　株式会社　学芸みらい社
〒一六二-〇八三三
東京都新宿区箪笥町三一番　箪笥町SKビル三F
電話　：〇三-五二二七-一二六六
HP　：https://www.gakugeimirai.jp
E-mail：info@gakugeimirai.jp
印刷所・製本所　シナノ印刷株式会社
企画　樋口雅子
装丁・本文組版　小沼孝至

落丁・乱丁本は弊社宛にお送りください。送料弊社負担でお取り替えいたします。

ISBN978-4-909783-68-4 C3037

教材のユースウェア ―本書の使い方ポイント
第1章　低学年の新道徳で使える「ワークシート」
自分自身に関すること
人との関わりに関すること
集団や社会との関わりに関すること
生命や自然、崇高なものとの関わりに関すること
第2章　中学年の新道徳で使える「ワークシート」
第3章　高学年の新道徳で使える「ワークシート」

ISBN978-4-909783-02-8